JN197165

おとなになってから 老人になってから
あなたを支えてくれるのは子ども時代の「あなた」です

（石井桃子『石井桃子のことば』新潮社）

保育の心理学

【シリーズ知のゆりかご】 青木紀久代 編

……イメージを学びの翼に……

みらい

執筆者一覧 （五十音順　○は編者）

○青木紀久代（社会福祉法人真生会 理事長／白百合心理・社会福祉研究所 所長）‥ 第 1 章

石井　正子（昭和女子大学）………………………………………… 第 7 章

大國ゆきの（東京成徳短期大学）…………………………………… 第 9 章

片山　伸子（名古屋柳城女子大学）………………………… コラム②

加藤　邦子（浦和大学）……………………………………………… 第 8 章

金子恵美子（慶應義塾大学）………………………………… コラム③

金丸　智美（淑徳大学）……………………………………………… 第 3 章

高橋千香子（奈良学園大学）………………………………………… 第 11 章

冨田貴代子（帝京平成大学）………………………………………… 第 2 章

中村　涼（安田女子短期大学）……………………………………… 第 10 章

平沼　晶子（帝京大学）……………………………………………… 第 6 章

細野　美幸（鎌倉女子大学短期大学部）…………………………… 第 5 章

三好　力（秋草学園短期大学）…………………………………… コラム④

矢野由佳子（和泉短期大学）……………………………… 第 4 章、コラム①

装丁：マサラタブラ
本文デザイン：エディット
2色イラスト：たきまゆみ

はじめに

　本書『保育の心理学』は、保育士養成課程の新カリキュラムに対応した、保育や幼児教育の専門家養成向け発達心理学の入門書として企画しました。それだけでなく、看護・福祉職などに役立つ知識の提供もカバーしています。

　保育への時代のニーズはますます高まり、特に乳児保育はこれまでにない広がりをみせています。保育所保育指針においても、乳児保育や3歳未満児の保育が重点化して改訂がなされました。このような情勢のなかで、いわゆる養護と教育を一体とした質の高い保育を実現していくために、保育者は、子どもの発達についてこれまで以上に詳しく知っておくことが求められています。もちろんそれは、たんなる身体的な成長だけに限りません。

　心理学では、人の能力をさまざまな側面でとらえ、その機能や発達について研究を重ねてきました。本書では、誕生からおよそ学童期くらいを中心にした子どもの発達を、さまざまな角度から解説しています。

　本書を通して、子どものもつたくさんの可能性をとらえられるようになることを願っています。子どもの発達が、今にも起こりそうなところをうまくキャッチして、上手にそれが良い変化をもたらすような働きかけを意識しながら子どもと関わることは、子どもにとって貴重な学びの機会となることでしょう。また、子どもの発達が芳しくなかったり、個性的だったりするようなとき、あるいは心の癒しが必要なときにも、子どもの発達を理解している保育者は、よりよい対応が可能となるでしょう。

　本書では、経験豊かな執筆者ができるかぎり保育場面でのエピソードや臨床的問題を紹介しながら、具体的な関わりや支援の方法について学べるように工夫しています。保育実践を生き生きとイメージしながら、読み進めていただければ幸いです。

　最後になりましたが、出版社みらいの米山拓矢氏には、微に入り細に入り、本書の編集全般にわたり、手厚くサポートをいただきました。企画を対話的に練り、それをもとに、全国の選りすぐりの執筆陣と語り合えたことは、編者として本当にありがたく思っております。心より感謝申し上げます。

2019年2月

編　者

本書の使い方

・はじめにガイドのご紹介

わたしたちと一緒に
がんばりましょう！

ひよこの
ピーです

だるまの
ナナです

このテキストの学びガイドの「ピー」と「ナナ」です。
2人はさまざまなところで登場します。
ひよこのピーはみなさんにいつも「子どもの声」が聞こえるように、
だるまのナナは学習でつまずいても「七転び八起き」してくれるようにと、
それぞれ願っています。2人をどうぞよろしく。

①イメージをもって学びをスタートしよう。

　章のはじまりの扉ページはウォーミングアップです。イメージを膨らませつつ、学びの内容の見通しをもって学習に入るとより効果的です。あなたならではの自由な連想を広げてみよう。

出発進行〜

ポイント②
本章で学ぶ内容をぎゅっとまとめました。いわば、**学びの見通し**を示す地図です。

ポイント①
本章で学ぶテーマについて、**イメージを広げる問いかけ**です。正解は1つではありません。自由にイメージを膨らませてみましょう。

ポイント③
この章の理解の「鍵」となる**重要語句**を1つ抜き出しました。

②ふりかえるクセをつけよう。

紙面にメモ欄を設けています。思うように活用してください。

> 大切だと思ったことや感じたことを書き込んでください。あなたの学びの足跡となります。

ふりかえりメモ：

③自分から働きかけるアクティブな学びを意識しよう。

本書の演習課題は「ホップ→ステップ→ジャンプ」の３ステップ形式です。このスモールステップを繰り返すことによって、アクティブラーニング（「主体的な学び」「対話的な学び」「深い学び」）の充実を目指します。

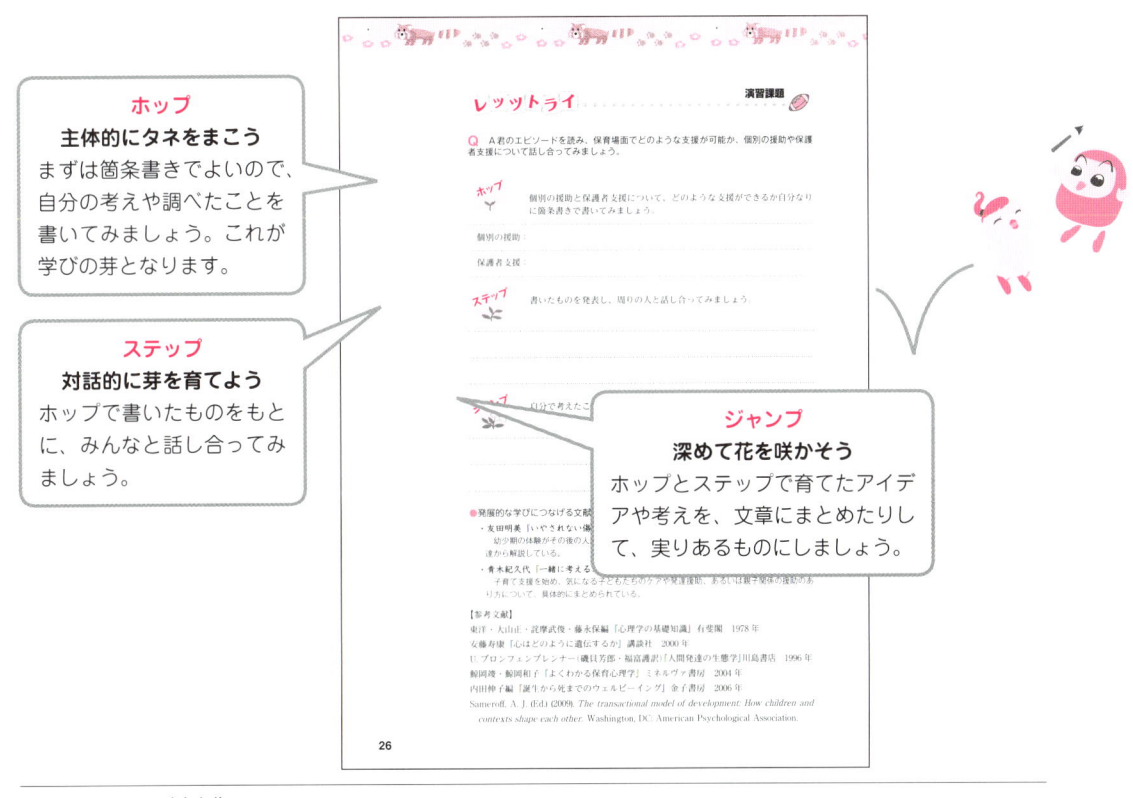

ホップ
主体的にタネをまこう
まずは箇条書きでよいので、自分の考えや調べたことを書いてみましょう。これが学びの芽となります。

ステップ
対話的に芽を育てよう
ホップで書いたものをもとに、みんなと話し合ってみましょう。

ジャンプ
深めて花を咲かそう
ホップとステップで育てたアイデアや考えを、文章にまとめたりして、実りあるものにしましょう。

●エピソード（事例）について

本書に登場するエピソード（事例）は、実際の例をもとに再構成したフィクションです。登場する人物もすべて仮名です。

目　次

本書の構成の特徴

はじめに

本書の使い方

子どもが育つ道筋（発達）をわかりやすくまとめました。保育を支えるエビデンスがいっぱいです。

第1章

子どもの発達

エクササイズ　自由にイメージしてみてください

人の「発達」は、いつからスタートして、いつゴールに着くと思いますか？

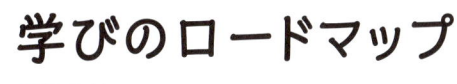

この章のまとめ！

学びのロードマップ

- ●第1節
  「発達」とは何か。「生涯発達」とは何かを説明します。

- ●第2節
  人間の発達にはどのような要因が影響を与えるのかを説明します。

- ●第3節
  「トランザクショナル・モデル」について保育のエピソードを交えながら説明します。

この章の なるほど キーワード

■**相互作用説**…人の発達は、もって生まれたもの（遺伝的な要素）と生まれてからの育ち（環境的な要素）とがかけ算的に作用し合って発達を決定するという考え方です。

人は、生まれつきでは決まりません。コツコツと努力を積み重ねていけばきっと良いことがあります。

第1節　子どもの発達の見方・考え方

　はじめに、子どもの発達に関するとらえ方について学びましょう。

　発達そのものに対するとらえ方は、時代とともに変化してきました。近年においても、少子高齢化や環境問題などによる子どもの発達環境の変化とともに、私たちの発達観は変貌しています。

　発達を規定する要因についても、その基本的な考え方を知っておく必要があります。人間は親から引き継いだＤＮＡによって人生を決められてしまうのか、あるいは、育つ家庭や環境によって変わりうるのか。古くから議論のつきない「遺伝と環境」の問題についてまとめました。子どもの発達の見方や考え方の基本を学び、子どもの発達のより良い援助に生かしましょう。

1. 発達とは

（1）「発達」の定義

　まず心理学における「発達」という言葉について考えてみましょう。人間が発達する、というとき、そこには何らかの変化があります。発達していく途中や道筋を発達過程と呼びます。発達は、特定の方向に変化していきます。たとえば、未熟な状態から成熟した状態へ、単純から複雑へという変化は、まさに子どもの発達全般のイメージと合致します。

　ただし本来、発達というのは生涯を通じた「変化・変容」を意味しているので、たとえば加齢に伴う老化現象も発達ということができるのです。

（2）発達の始まりは胎児期から

　発達がいつ始まるかというと、それは、子宮内での受精に始まる胎児期からと考えられています。胎児期には、最初は単純な細胞が「分化」し、そして「統合」が起こります。それが何度も繰り返されて、母体内のさまざまな環境との相互作用を起こしながら、出生を迎えるまでの複雑な変化は、まさに発達過程のあり様を示していると言えるでしょう。そしてもちろん、この過程は、誕生後ずっと繰り返され、続いていきます。これが、誕生から死までの人間の発達です。

（3）発達と類似する用語

　一般に、発達と類似する用語として、「成長」や「成熟」、「発育」などが浮かびます。これらは、同じ意味にも使いますが、強調点の違いもあります。

①成長

まず「成長」は、生物学的で量的な変化が主なものです。身長や体重のように、測定することができます。心理学では、心の成長というように比喩的に使われることもあります。

②成熟

成長に近い用語に「成熟」があります。こちらは、生物の細胞や器官などが、不完全あるいは未熟な状態から完成形に至った状態を言います。性成熟とか、脳成熟などと言われます。外から見て、測定しにくいものも含まれます。心理学では、特に学習や教育の影響を受けない、生物・遺伝的な要因による変化を意味することが多いでしょう。ただし、人間は自らの経験や環境を通して変化する部分が大きく、後に述べるように、両者を明確に分けることは困難です。

③発育

「発育」は、特に小児科学分野で多く使用される言葉です。こちらは、「成長」と学習や経験によって獲得される「発達」を合わせて「発育」と呼んでいます。これは心理学において「発達」と呼ぶものと最も近い、人間の変化を包括的に表す言葉とも言えます。しかしながら、乳幼児期においては、子どもの身体的な増大が顕著なため、その部分が強調されるのも事実です。

厚生労働省では、10年ごとに乳幼児の身体発育を調査し、身体発育曲線を作成しています。乳幼児期の発達状況について、子育てをしている当事者が最も広く共有する知識は、母子健康手帳[1]にあると言えます。そこには、身体発育曲線などが記載されたページがあり、広く利用されています[2]。

以上をまとめると、乳児期から児童期など、子どもの変容は、多くが増大する方向にあり、どの用語も共通する部分が多くことがわかります。そのため、厳密な用語の区別は難しいものの、心理学において「発達」と呼ぶときには、次の2点がポイントになっていると言えます。

「発達」と「成長」と「発育」？どうちがうの？

心理学における「発達」とは

①生涯の変容を視野に入れていること。

②人間の生物学的な変化と、環境や経験との相互作用による、さまざまな機能的変化の両面を含んでいること。

---

*1
母子保健法に定められた市町村が交付する手帳のこと。

*2
身体的発達の特徴については第4章を参照。

2. 発達観の変遷

（1）能力の増加と衰退－人間はどんどん大きくなる、強くなる？－

　「発達」は、必ずしも何かの能力が増大したり、身体が大きくなったりすること、つまり未熟な者から成熟した者へといった一方向的な変化だけを示す概念ではありません。しかし、一般的にはそのようにとらえられがちです。これには、18 ～ 19 世紀のヨーロッパを中心とした技術革新によって、人々の暮らしが全体的に豊かに変化していった時代の影響があるようです。つまり、すべてが望ましい方向に進歩する可能性を認め、人類の文明の進歩と人間性向上の可能性を信じる、楽天的未来像を含んだ発想から生まれてきた発達観だといえます。進化論的な考え方も、その流れのなかにあり、発達心理学もまた、この基盤に立って長らく発展してきました。

　しかしながら、今日の人間の平均寿命は、80 歳を超えており、200 年前の 4 ～ 50 歳程度の寿命からすると、30 年近く長い人生を送るようになっています。それにもかかわらず、図 1 － 1 にあるように、人間の発達の一側面を量的にとらえ、右肩上がりに発達変化がとらえられるのは、子ども時代のせいぜい 15 ～ 16 年間です。後は、体力・気力が衰えないように気を配りつつ、その何倍もの人生を生きるというのが、現実です。

　図 1 － 2 は、身体能力について示した一例です。たとえば、20 メートルシャトルラン[*3]の記録は、ある年齢を境に、特定の能力が衰退しいく様子

＊3
競技者に 20 メートル間隔で平行に引かれた二本の線の間を、合図の音に合わせて往復させ、その往復した回数によって、持久力を測定する運動能力テストです。

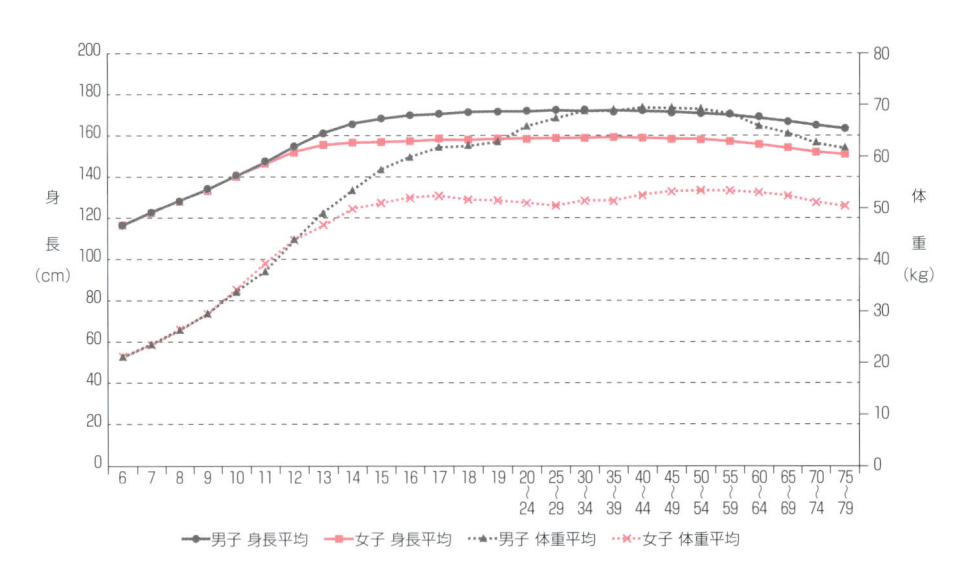

凡例：男子 身長平均　女子 身長平均　男子 体重平均　女子 体重平均

図 1 － 1　2017 年度年齢及び男女別身長・体重の平均

出典：スポーツ庁「平成 29 年度体力・運動能力調査」2018 年 10 月 18 日公表より筆者作成

がはっきりとわかります。成人期を通じて変化が少ない握力などは、むしろ例外的な存在です。

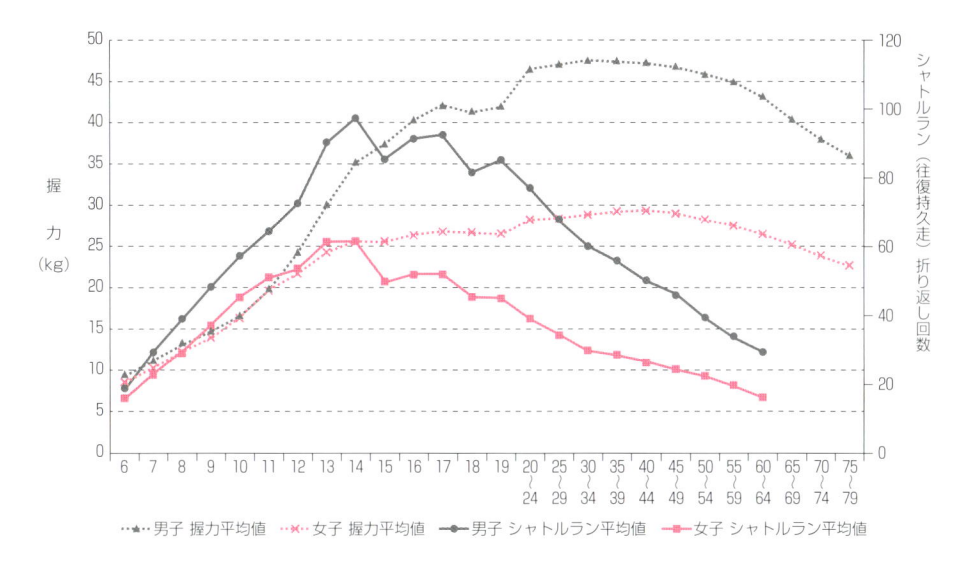

図1-2　2017年度年齢及び男女別運動能力の一例

出典：スポーツ庁「平成29年度体力・運動能力調査」2018年10月18日公表より筆者作成

（2）発達の加速現象－人間はどこまで早足で成長する？－

　一般に、子どもの発達は早熟化が進んでいるといわれてきました。栄養状態、都市型生活、西欧型生活、あるいはメディアなどによる人工的刺激の莫大な増加など、社会や時代のさまざまな影響が関連しあっています。

　第二次性徴などの時期も、一世代前よりも1～2年は早くなっているようです。このように、世代が変わるごとに、同年齢にあたる人間の成長が促進されている現象を「発達の加速現象」と呼びます。戦後一貫して加速化が進みましたが、現在はその傾向もある程度のところで止まっています。

（3）生涯発達観－人間は生涯発達し続ける？－

　長寿化した現代社会において、発達の概念も、人間のさまざまな変容をもっと包括的にとらえる視点が求められるようになりました。すなわち、「生涯発達」という誕生から死に至るまで、人間は生涯にわたって発達する存在であるとみなす考え方です。

　詳細は、次章に譲りますが、従来の人間が強く、早く生きることのみを良しとした発達観から、現代は、生物的な存在としての人間の成長は加齢とともに衰退するけれども、"年齢に応じた社会適応や心の成熟あるいは発達の可塑性は一生涯可能である"という発達観に移行したと言えるでしょう。

第2節　子どもの発達と環境 ・・・・・・・・・・・・

1. 子どもの発達を規定するもの　－遺伝か環境か－

　発達観の変遷はあれども、人間の発達にどのような要因が影響を与えるのかという問いは、昔も今も人々の関心を集めている事柄です。さまざまな説について簡単に整理しておきましょう。

（1）単一要因説

①生得説

　まず、発達に影響を与える大きな要因の1つとして、遺伝的要因があります。一般に「カエルの子はカエル」など、同じような意味の言葉がさまざまな国にみられます。これは、生まれたときからの資質、すなわち遺伝的な影響を重視する考え方で、「生得説」とも呼ばれます。19世紀中ごろに出てきたダーウィン（Darwin, C.）[4]の進化論あたりから優勢となりました。

②成熟説

　次に、必ずしも遺伝だけではありませんが、「環境より遺伝の影響の方が大きい」とするのが「成熟説」です。これは、ゲゼル（Gesell, A. L.）が主張しました。たとえば、早いうちから階段上りを練習しても、時期を待って適度な発達時期に練習を行っても、習得結果にはあまり差がありません。ゲゼルはこのように、ある発達を成し遂げるための準備（すなわち、レディネス）が自然と整うところまで成熟を待つことが、重要だと考えたのです。

③環境要因説

　一方、環境要因を重視する立場は、17世紀のいわゆる経験論[5]に遡りますが、心理学では20世紀に入り、運命論的になりがちな遺伝説へのアンチテーゼとして、行動主義[6]的な考えが登場してきました。行動主義心理学者のワトソン（Watson, J. B.）[7]は、健康な1ダースの赤ん坊と、彼らを育てる適切な場所があれば、才能などに関係なく、医者でも芸術家でも泥棒にでもさせることができると豪語しました。この話は、「環境要因説」の極端な主張の例と言えるでしょう。

　いずれにしても、上記①から③の説は、どれも発達に対する影響を1つの要因で語ろうとするものであり、遺伝か環境の二者択一的な論争のままでは、発達の現実をとらえることはできません。

＊4
ダーウィン（1809-1882）はイギリスの自然科学者。『種の起源』を執筆し、進化論を実証的に説明しました。

＊5
人は、生まれたときは白紙（タブラ・ラサ）の状態であり、その後のどのように経験を積むかですべてが決まるという考え方。

＊6
現代心理学における基本的方法論の1つ。その研究対象は客観的測定の不可能な意識・心主観ではなく、直接観察可能な行動であり、その目的は刺激＝反応関係における法則性の解明であるとする立場。

（2）遺伝も環境も説

④輻輳説

　これまで述べてきたように、発達は、遺伝だけによるものでもなく、環境だけによるものでもありません。遺伝、環境、経験訓練など、さまざまなものが集まって発達が起こると考えられます。このさまざまなものが集まることをシュテルン（Stern, W.）は「輻輳説」と呼びました。

⑤環境閾値説

　これに対して、ジェンセン（Jensen, A. R.）は、「環境閾値説」を唱えました。すなわち、遺伝は、最低限の環境が整わなければ発達に影響できないし、逆にどんなに環境がよくても、発達には遺伝的素質に基づく限界があるとする、相互作用的な考え方です（図 1 - 3）。

＊7
ワトソン（1878-1958）は 1920 年代に隆盛を極めた行動主義心理学の提唱者。彼は、心理学の研究対象を客観的に観察可能な行動とし、その目的を「行動の予測と制御」としました。

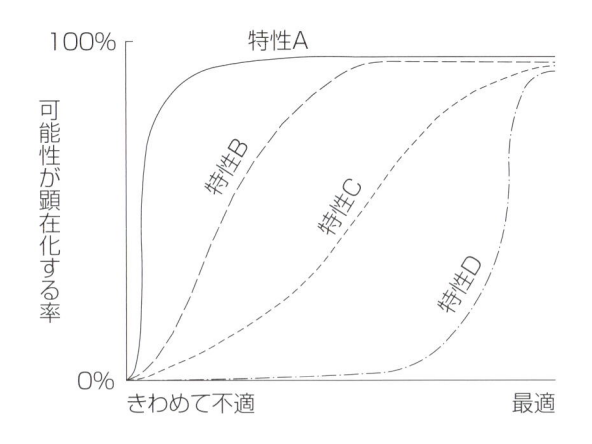

図 1 - 3　ジェンセンの環境閾値説の図式化
出典：東洋・大山正・詫摩武俊・藤永保編『心理学の基礎知識』有斐閣　1978 年

⑥相互作用説

　輻輳説も、環境閾値説も、遺伝と環境が両方発達に関係しているという点では、広い意味で相互作用説といえますが、どちらかというと単純な足し算的な考え方に留まったままです。現在では、もっと双方が相乗的に作用し合って発達を決定するという「相互作用説」が主流です。

　ちなみに、発達に影響を及ぼす遺伝と環境の関係について研究する代表的な方法に双生児法[8]があります。たとえば安藤は、双生児を対象にした研究から、身体的形質では遺伝がより大きく影響し、心理的形質では、知能などのように影響の大きいものと、創造性などの影響の小さいものがあると報告しています。

相乗的とはつまりかけ算ですね

＊8
同じ遺伝子を受け継いでいる一卵性双生児と、遺伝的には異なるものを受け継いでいるが、同じ家庭で一緒に生活して成長する二卵性双生児とを比較する実験方法です。

2. 環境との相互作用による発達

(1) 刷り込み（インプリンティング）

　環境がもたらす発達への影響を考えるうえで、重要な事柄の1つに、初期経験というものがあります。「三つ子の魂百まで」ということわざのように、私たちの人生、特に早期の経験が、後の発達に大きな影響をもたらすと考えられています。

　動物の比較行動学者のローレンツ（Lorenz, K.）は、その根拠の1つを提示しました[9]。すなわち、ガンやカモなどの雛が孵化した後、一定時間内に親鳥との関係を形成し、確固としたすり替え不可能な親子の結合が起こることを発見し、これを「刷り込み」と呼びました。およそ24時間以内にそれが起きないと、親子の関係が成立しないこともわかっています。刷り込みが成立する期間は限られていて、これを「臨界期」と呼びます。

　もっとも、鳥類ほどの絶対的な発達の臨界期が人間にもあるかどうかは、明確ではありません。発達における可塑性（やり直しができる、元に戻るといった性質）を強調するのが一般的でしょう。

　けれども、次章にあるように、乳児期に過酷な環境に置かれた子どもたちが被るダメージは、その後の発達に深刻な影響をもたらすこともわかっています。

(2) 環境との相互作用

　人間の発達は、さまざまな環境に支えられており、互いに相互作用しています。これらの環境を複数の水準から整理して、発達への影響を考える立場を、発達の生態学モデル（エコロジカルモデル）といいます（図1-4）。たとえば、ブロンフェンブレンナー（Bronfenbrenner, U.）は、次の4つの環境水準を想定しました。これらが、入れ子状の構造になったシステムとして人間と絶えず相互作用しており、それをくり返して発達が起こると考えたのです。

a. マイクロシステム：子どもを取り巻く家庭や学校などの直接的な対人的、物理的環境のことです。子どもと家庭、子どもと学校というように、それぞれの相互作用が発達に影響します。

b. メゾシステム：家庭と学校など、子どもが活動する複数のマイクロシステム間の関係のことです。このシステムが発達に影響を与える環境に

なります。

c. **エクソシステム**：直接的というよりも間接的に、子どもの発達に影響を
与える環境のことです。たとえば、親の職場や地域の教育委員会の活
動などがこれにあたります。

d. **マクロシステム**：マイクロシステム、メゾシステム、エクソシステムの
上位システムとして位置づけられ、その文化や社会全体の一貫性を支
える背景となっています。たとえば、ある信念体系やイデオロギーな
どです。

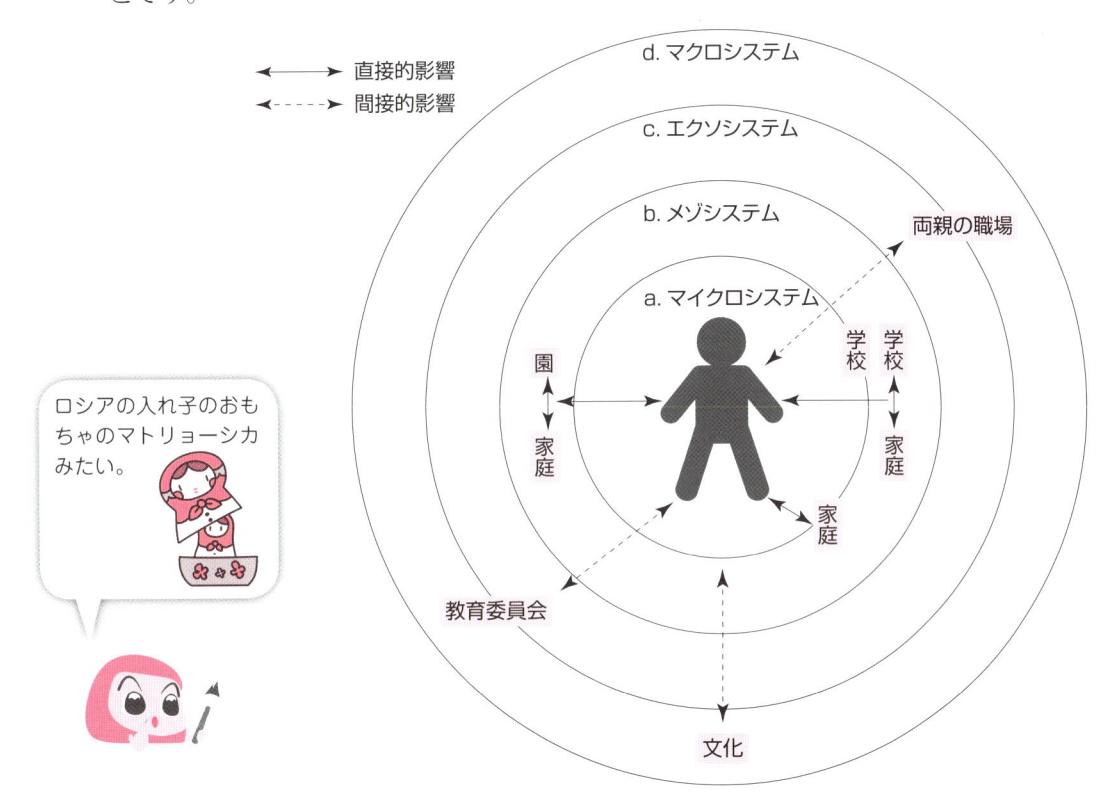

図1－4　ブロンフェンブレンナーによる生態系モデル（エコロジカルモデル）

出典：U. ブロンフェンブレンナー（磯貝芳郎・福富護訳）『人間発達の生態学』川島書店　1996 年をもとに筆者作成

　このような多水準の環境が、絶えず、子どもの発達に影響を与えていると
考えられます。子ども一人一人のニーズに応え、丁寧な保育を実践しようと
するならば、子どもを取り巻くさまざまな環境をより良く作り出していくこ
とが、たいへん重要な仕事となるのです。

第3節　子どもの発達を理解することの意義

1. トランザクショナル（相乗的相互作用）・モデル

　第2節までに明らかになったことは、人間の発達を決める要因は、単一ではないこと、遺伝などの個人要因以上に、環境要因も大きくあることなどです。そして、どの時期にそれを経験するのか、といった"時間的な要因"も複雑に絡んでいます。

　これらを包括的にみると、さまざまな要因が生涯に渡る時間軸のなかで、連続的かつダイナミックに相互作用することによって発達が起こるのだととらえられるでしょう。これを発達の「トランザクショナル(相乗的相互作用)・モデル」と呼んでいます。

　すなわち、ある時点での子どもの発達の状況は、それまでの時間経過のなかで、子ども側が一方的に環境から影響を受けているわけではなくて、子どもの方からも環境に影響を与えています。そして、それがまた子どもに影響を与えるという相互作用の積み重ねの結果だと考えられるわけです。

2. 発達を理解した援助とは

　次にこのトランザクショナル・モデルを、保育場面の事例で考えてみましょう。紹介するのは、情動調整が極めて困難な3歳児のエピソードです。

エピソード　集団の苦手なA君

　A君（3歳児クラス）は集団場面に馴染めず、大人の援助を常に必要とします。集中が続かず、生活場面の切り替えも苦手です。着替えもいつも長引き、援助が必要になります。

　今日も午前中に、自分の夢中になっていることを友達にちょっと邪魔されたのをきっかけに、大きく崩れ、そのままずっと泣いて過ごしました。A君は一度泣いてしまうと、こちらの声かけは一切耳に入らず、ますます叫んで、あばれます。担任が母親にこうしたA君の状況を伝えても、「厳しく指導してください」とそっけなく言われるばかりでした。

（1）A君と母親のこれまで

　担任の保育者は、母親との関係づくりを心がけました。その結果、A君のこれからのことを思い、何とかこちらでできることはないかと、面談をするところまでこぎつけました。そこで母親は、A君のこれまでの育児がいかに大変だったかを語ってくれました。

　A君は生まれながらに非常に過敏でなだめることが難しく、母親はいつも不安で眠れなかったと言います。当時、父親も忙しく、他に頼れる人もいませんでした。たった一人で子育てをして、ちょっとしたことでも長時間激しく泣き、なだまらない息子の様子に打ちのめされてしまったといいます。母親は子どもが泣くことを恐れたり、泣いても無力感に襲われたりして、結果的にA君と関わることを避けるような態度が形成されてしまったのでした。

　このように、A君の生まれながらの育てにくさと、母親の不安の強さが出会い、相互作用した結果、本来あるべきA君への適切な応答的環境にマイナスの影響を与えてしまった可能性がありました。これは、A君だけの問題でも、母親だけの問題でもありません。周りに母親の心配を抱えてくれる環境の不足もあったでしょう。

（2）A君の問題の理解と対応

　保育者が、A君が集団場面で失敗したとき、直接的に行動をその場にふさわしいものに変えようと迫っても、A君はますます大きく崩れてしまったかもしれません。母親から得た情報から、A君の情動調整力は、他者からの適切な応答によって、不快な状態から立ち直る経験をうまく積めないまま、今に至っていると考えることができました。そこで、A君の気持ちへのアンテナを増やして、丁寧に応答し、回復する体験を増やすよう心がけていきました。

（3）発達援助の基本

　このように、子どもの問題を発達的に理解する、というのは、単に同じ月齢の子どもの多くができることとできないことを比較して、平均的な力を伸ばせばよいという関わりとは限りません。A君のエピソードのように、時間的経過のなかで、子どもの発達や親子関係がどのように進んできたのかを理解し、そしてその先にどのような発達が望ましいかを考え、今できる最善の援助を心がけること。これが発達援助の基本であり、保育の基本でもあるといえるでしょう。

演習課題

Q A君のエピソードを読み、保育場面でどのような支援が可能か、個別の援助や保護者支援について話し合ってみましょう。

ホップ 個別の援助と保護者支援について、どのような支援ができるか自分なりに箇条書きで書いてみましょう。

個別の援助：

保護者支援：

ステップ 書いたものを発表し、周りの人と話し合ってみましょう。

ジャンプ 自分で考えたことや話し合ったことをもとに文章にまとめてみましょう。

● 発展的な学びにつなげる文献

・友田明美『いやされない傷―児童虐待と傷ついていく脳』診断と治療社　2011 年
　幼少期の体験がその後の人生に与える影響について、特に児童虐待に焦点をあて、脳の発達から解説している。

・青木紀久代『一緒に考える家族支援』明石書店　2010 年
　子育て支援を始め、気になる子どもたちのケアや発達援助、あるいは親子関係の援助のあり方について、具体的にまとめられている。

【参考文献】
東洋・大山正・詫摩武俊・藤永保編『心理学の基礎知識』有斐閣　1978 年
安藤寿康『心はどのように遺伝するか』講談社　2000 年
U. ブロンフェンブレンナー（磯貝芳郎・福富護訳）『人間発達の生態学』川島書店　1996 年
鯨岡峻・鯨岡和子『よくわかる保育心理学』ミネルヴァ書房　2004 年
内田伸子編『誕生から死までのウェルビーイング』金子書房　2006 年
Sameroff, A. J. (Ed.) *The transactional model of development: How children and contexts shape each other.* Washington, DC: American Psychological Association.2009.

第2章
子どもの発達と子ども観・保育観の変遷

 **エクササイズ**　　**自由にイメージしてみてください**

　もし保育所や幼稚園に通わずに、小学校や中学校にも行かなかったとしたら、どんな大人に成長すると思いますか？

この章のまとめ！

学びのロードマップ

● 第1節
初期経験（人生の早期における経験）が発達に及ぼす影響が大きいことを説明します。

● 第2節
生涯発達と子ども観の移り変わりについて説明します。

● 第3節
歴史のなかで生まれてきた新しい保育観や「子どもの権利」について説明します。

この章の なるほど キーワード

■**小さな大人**…「子どもは学校へ行き、大人から保護されるもの」というのは、近代になって生まれた子ども観です。子ども時代の保障されなかった中世を経て、今では「子どもの権利」を尊重する時代となりました。

ちなみに日本ではかつては男子は元服といって10代前半で大人の仲間入りをしていたんです。

第1節　初期経験の重要性

　人生早期の経験、すなわち初期経験は、その後の発達に、大きくかつ長期に及ぶ影響をもたらすものだと言われています。

1. 人間の初期経験

　人間の初期経験の影響については、人生初期に劣悪な環境を経験することでどのような悪影響があるかということに関する研究がいくつかあります。

（1）野生児の研究

　まず1つは、親や社

これは「狼に育てられた子」と言われたカマラという少女の写真です。1920 年にインドで発見されましたが、ことの真偽は諸説あります。

会による養育環境から隔絶されて育ち、その後発見された野生児の研究です[*1]。フランスのアヴェロンの森で発見された野生児（推定年齢 12 歳の男児）を、フランス人軍医イタール（Itard, J. ）が保護しました。発見当初、子どもは言葉を話さず、人間らしい感覚や感情も持っているようではありませんでした。イタールは、適切な教育を施せば、子どもは正常な発達に戻ると考えていました。しかし、5 年ほどの教育の結果、子どもは言葉を獲得するには至らず[*2]、また社会性もさほど伸長しませんでした[1]。

J.A.L. シング（中野善達・清水知子訳）『狼に育てられた子　カマラとアマラの養育日記』福村出版　1977 年

（2）愛着の研究

　ボウルビィ（Bowlby, J. ）は、世界大戦後の孤児院に収容され、愛情はく奪的な状況で世話をされていた子どもたちの発育を調査しました。そして、そういった愛情はく奪的で劣悪な施設では、子どもは体も小さく、病気にもなりやすいということがわかりました[2]。

　これらのことは、アメリカの小児病棟のありかたや、NICU のありかたに大きな影響をおよぼしました。また親と引き離された乳児は、できるだけ施設収容よりも家庭的な養育ができると考えられる里親に預けることが推進され、乳児院や児童養護施設などのケアのありかたを大きく変えてきました。

＊1
知的な障害のため、遺棄された子どもである可能性も指摘されています。そのため、訓練してもそもそも発達には限界があったとする説があります。一方で、障害があったなら、そのような子どもが、一人で森で生活することはできないだろうという反論もあります。

＊2
言語の獲得には、臨界期があるという仮説があります（言語の獲得における臨界期仮説）。レネバーグは、母語の習得については 5 歳くらいまでが臨界期であると考えました[3]。

2. 臨界期をどのように考えたらよいのか

　ガンやカモなどの鳥類の刷り込みは、一定時間内に成立します（第1章参照）。ほかにも、視覚の発達で、子猫を縦縞しかないところで生活させると、横縞を認識できない子猫になるといった実験もあります[4]。人間についても、音の聞き取りには臨界期があるといった説から、外国語の教育や音楽教育などを早期から行う家庭も少なくありません。

　このように、動物や人間については、臨界期が認められている発達の側面があります。しかし、人間の発達については、多くの側面において、可塑性がある、つまり後々までやり直しがきくということが強調されています。

3. 劣悪な初期経験からの影響を取り戻すことができるのか

　劣悪な環境での初期経験は、発達に大きく悪影響を及ぼしますが、適切な環境に置かれれば、多くの面でその影響力は後々まで固定されたものではありません。すなわち、発達は周辺の状況に応じてかなり変化もしていくのです。1979（昭和54）年、日本で深刻なネグレクトの状態に置かれた姉弟が発見されました。姉弟は当時、6歳と5歳でしたが、身長は80センチ余りであり、言葉もなく、1歳から1歳半程度の発達でした。しかし、保護された施設での手厚いケアにより、発達の遅れを大きく取り戻すことができました[5]。

　もちろん、発達には可塑性があるとしても、適切な環境に、なるべく早くから置かれることが望ましいでしょう。保育者は、人生早期の発達の支援の担い手です。適切な環境を提供し、乳幼児の発達の援助をするのは、その子どもの生涯にわたる大きな意味をもっています。

第2節　生涯発達と子ども観の移り変わり

　医療や食料事情の向上によって、人は長寿となり、生き方も多様になってきました。それにしたがって、人間の発達をとらえる視点も、変遷してきました。

1. 生涯発達

（1）誕生から死まで

　19世紀末から20世紀初頭にかけて、発達研究の主眼は子どもの発達に置かれていました。この時期はピアジェの理論やゲゼルの発達理論にみられるように、誕生から青年に至るまでの標準的な発達過程を調べることが主な目的でした。しかし20世紀では、人間の発達を生涯にわたって、すなわち、誕生から死までを発達として捉えようとする生涯発達心理学が台頭してきました[6]。

（2）ライフコースとライフサイクル

　生涯において、個人がどのような発達の経緯をたどるのかということについては、一人一人異なり、多様性があります。しかしながら、そこになんらかの規則性を見いだせないかと考えたことから、「ライフサイクル」や「ライフコース」といった考えが出てきました。

　まず、ライフサイクルという言葉には、2つの意味があり、まず1つ目は、一人の人間が誕生から死まで、さまざまな段階を経ていく一生、という意味です。次に、たとえば父母に育てられてきた自分が、自分の子どもを育てるようになる、その子どもにとって、自分の父母が今度は祖父母になるというように、違う世代の人々の人生が重なり合い、世代が循環していくという意味をもっています。

みなさんは今どの段階にいるかな？

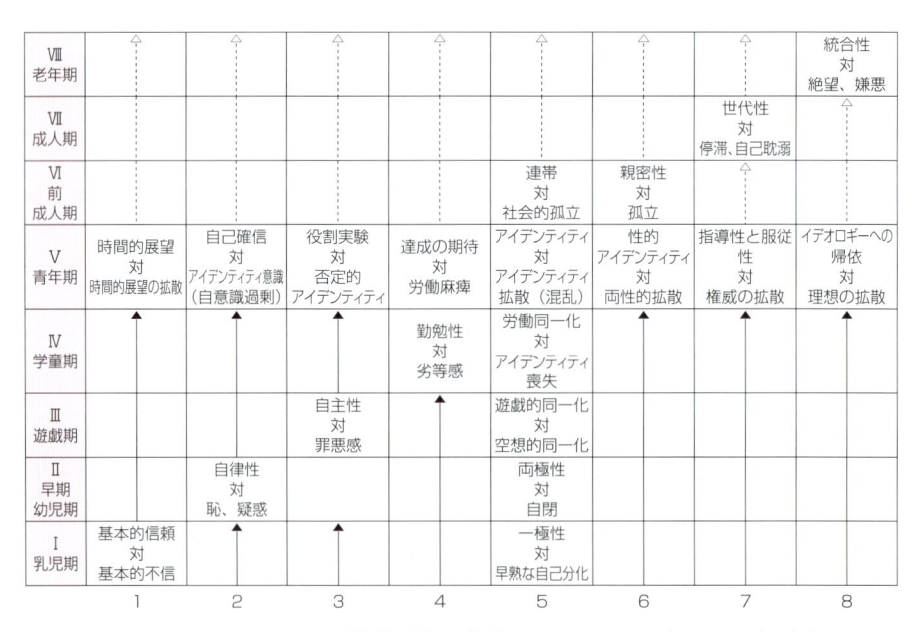

	1	2	3	4	5	6	7	8
Ⅷ 老年期								統合性 対 絶望、嫌悪
Ⅶ 成人期							世代性 対 停滞、自己耽溺	
Ⅵ 前成人期				連帯 対 社会的孤立	親密性 対 孤立			
Ⅴ 青年期	時間的展望 対 時間的展望の拡散	自己確信 対 アイデンティティ意識（自意識過剰）	役割実験 対 否定的アイデンティティ	達成の期待 対 労働麻痺	アイデンティティ 対 アイデンティティ拡散（混乱）	性的アイデンティティ 対 両性的拡散	指導性と服従性 対 権威の拡散	イデオロギーへの帰依 対 理想の拡散
Ⅳ 学童期				勤勉性 対 劣等感	労働同一化 対 アイデンティティ喪失			
Ⅲ 遊戯期			自主性 対 罪悪感		遊戯的同一化 対 空想的同一化			
Ⅱ 早期幼児期		自律性 対 恥、疑惑			両極性 対 自閉			
Ⅰ 乳児期	基本的信頼 対 基本的不信				一極性 対 早熟な自己分化			

図2-1　エリクソンの漸成発達図式（Erikson, 1959）から一部改変

　この代表的なものは、エリクソン[*3]（Erikson, E. H.）のライフサイクル論です。彼は人の一生を8つの発達段階に分け、各発達段階を通り抜けながら、人は生涯にわたり発達を続けるとしました。そして各発達段階に固有の心理的な課題をそれぞれ達成していくことで、人は成長するとしました[7]。

　一方、ライフコースとは、「年齢ごとに異なる役割や出来事を経ながら個人がたどる人生行路」[8]といわれています。また多くのライフサイクル研究では、人生を幾つかの段階に区分してとらえるのに対し、ライフコース研究では、そのような明確な区分を設けません。ライフサイクルが発達のモデルを持つ、つまり普遍性や画一性をもっているのに対し、ライフコースは、もっと個々の多様性に注目します。ライフコースの概念は、個人や家族が、変動する社会や文化からの影響を受けることを前提にし、個々の多様性をとらえようとするところに意義があります[9]。

＊3
エリクソン（1902－1994）は発達心理学者であり、精神分析家。ドイツで生まれてアメリカで活躍しました。エリクソンは、人を一生涯発達するものと考え、人生を8段階に分けた心理社会的発達理論を提唱しました。なかでも有名なのが、青年期における発達課題「アイデンティティー」の概念です。

2. 子ども観の変遷

（1）小さな大人

　生涯発達のなかで、保育者にとって重要なのは、もちろん子ども時代です。子ども時代というものをどのようにとらえるかという子ども観によって、保育のあり方も変わります。子ども観とは、福田[10]によると「子どもをどう理解するか、子どもの存在をどうとらえるかという子どもに対する基本的な考え方や姿勢をいう。これは時代、文化、社会によっても内容を異にする」ものです。みなさんの子ども観は、みなさん自身の経験から成り立ってもいますが、子ども観の歴史の積み重ねにもよっています。おそらく、みなさんは、「子ども時代は大人とは質の違う独特な時であり、子どもとは守られるべきもの」と当たり前のように考えるかもしれません。また、子どもに重要なものは、十分な遊びや親との関わりであると考えているかもしれません。

　しかし、そのような子ども観は、近代に入ってからのものです。アリエス（Aries,P.）の研究で明らかになったように、ヨーロッパでは中世まで、子どもは経験や知識のない「小さな大人」と考えられていました。子ども時代というものはなく、子どもは早くから、大人のそばで家業などを手伝いながら仕事や社会を学び、一人前に育っていくものでした。また、キリスト教文化の社会では、子どもは「原罪」を背負った危うい存在と考えられ、厳しくしつけられるべきものでした。

フィリップ・アリエス（杉山光信・杉山恵美子訳）『〈子供〉の誕生』1980年　みすず書房

（2）ルソーによる子どもの発見

　18世紀半ばのフランス社会などでは、親による育児というものも重視されておらず、上流階級では乳母に子どもを託し、下層階級でも捨て子や口減らしが目的の養子や里子が当たり前でした[11]。貧困などを背景とした子どもの遺棄も多く、それが大きな罪悪感無しに受け止められている時代でした。

　ルソー（Rousseau. J. J. ）はそういった子どもの状況を憂い、『エミール』を出版しました。これは"子どもの発見の書"といわれています。この本のなかで、ルソーは「子どもは小さな大人である」という当時の社会通念を否定し、「子どもは大人ではない。子どもは子どもである」としました。そして、子どもが直接体験から学ぶことの重要性を訴え、子どもの発達に即した教育、環境による教育をおこなうべきだと主張しています（消極教育）[12]。

☞ 注目コラム　ルソーの消極教育

　ルソー（1712 − 1778）はフランスで活躍した哲学者です。子どもの特性を踏まえ、環境を通して保育を行うという考えは、今日の日本の保育のあり方に強い影響を与えています。

　消極教育とは、何もしない教育ではありません。教師の意図する体験を子どもがするように、子どもの環境（モノやコト）、人の態度まで意図的に操作しようとするものです。これは子どもを十分に理解していないと行いえないことであり、ルソー以降の教育思想にとって、子ども研究は重要な位置を占めることになります。

J.J., ルソー（今野一雄訳）『エミール（上）』岩波文庫　1962年

　『エミール』は大ベストセラーとなり、新しい子ども観というものが広がっていきました。また乳幼児死亡率の低下や避妊技術の向上で、子どもが多数生まれてはしばしば亡くなっていた状況から、少数の子どもが健康に生き延びる状況に変化したことも、子どもが注目され、独特なものとして、家庭内で大切にされる風潮につながったと考えられています。

　さらに、家庭のほかに、「学校」が子ども時代を大きく形作るものとなりました。産業革命によって、家庭内での仕事が減少し、子どもを将来の優秀な働き手、社会の一員として育成することが期待されたのです。学校はそういった期待に応える形で子どもの教育の受け皿となり、子どもに一定の能力を身に着けさせる場として発展していきました。

第3節　新しい保育観

1. 子どもの権利

（1）エレン・ケイの『児童の世紀』

　近代の子ども観は、子どもを家庭において、守り育てるべき存在とみなし、子どもは、保護される存在、教育を受けることを期待される存在としてとらえられるようになりました。しかし、子どもに教育を受けさせるにあたって、大人の言うことをよく聞くように、多くの国で体罰が多用されていました。エレン・ケイ（Ellen, K. S. Key.）はそういった教育の仕方を批判し、『児童の世紀』[13] という本で、子どもへの体罰をなくすことや、子ども中心主義の教育を訴えました。子どもは暴力を受けずに、不安のない環境で好ましい教育を受けることなどが、「子どもの権利」だと考えられるようになっていったのです。

　当時は、貧困から餓死する子どもの存在は世界的な社会問題でした。そこで、ひもじさから解放されることも、子どもの権利であると考えられるようになりました。しかし、子どもは保護されるだけのものと考えると、「保護」という名のもとで厳しい教育や体罰がおこなわれたり、大人の思うままとされたりしてしまう恐れがあります。

（2）子どもの権利条約の誕生

　1970年代になると、子ども自身が自分の意見や要望を、大人や社会に主張することができ、それを大人や社会が尊重することが大切なのではないかという議論がおきました。そういった議論も含みこみながら、1989年には国連で「児童の権利に関する条約（通称：子どもの権利条約）」が採択されました。この条約には、子どもは、保護される権利だけでなく、社会に参加する権利、自己の意見を主張する権利、大人と同じような社会権を有することなどが書かれています。

　日本は、この子どもの権利条約に1994年に批准しています。子どもの権利条約には、「子どもに関するすべての措置をとるに当たって『児童の最善の利益が主として考慮される』」という文言があり、わが国の保育のあり方にも大きな影響を与えています。

ふりかえりメモ：
....

2. 「子どもの最善の利益」を考慮した保育

* 4
子どもの最善の利益と
は、ユニセフによれば、
子どもに関することが
行われる時は、「その
子どもにとって最もよ
いこと」を第一に考え
るという原則です。

　子どもの権利条約にある、「子どもの最善の利益*4」という概念は、2000年（平成 22 年）の改定おいて、保育所保育指針に取り入れられることになりました。2017 年（平成 29 年）の保育所保育指針においても、 1 章総則にある「保育所の役割」の項に、「子どもの最善の利益」を考慮した保育を行う、ということが明記されています。この、子どもの最善の利益を考慮した保育がどのようなものであるかは、探求が進められているところです」と述べています。

　たとえば、網野 [14] は大人の利益よりも子どもの利益が軽視されていないかを省察すること、としています。そして次に、子どもをひとりの人間として尊重し、その尊厳を重んじる心や行為をおろそかにしていないかを省察することであるとしています。

　さらに具体的に考えると、子どもが物事の決定に参加し、自身の意見を主張することができるとなると、園で毎日をどのように過ごすか、どのおもちゃをどう配置するか、運動会やその他の行事はどのように行うかなど、ほとんどすべてのことがその対象となります。汐見 [15] は、たとえ 2 、3 歳児でも「いい」とか「いや」などの意志を表明することが大切であり、「こうしたことがきっちりおこなわれていくと、子どもは次第に公共的なことに関心をもって、それに自分の意見を言うことが当然という感性が育ち、市民としての力を養っていくことが予想される」と述べています。

　しかし、一人一人の子どもの思いを尊重しながら、日々の保育を営んでいくとなると、そこにはまた実際上難しい問題もあります。クラスには多数の子どもがおり、その子どもたちはそれぞれ、異なったニーズや意見をもつ存在だからです。多くの園は、先にも述べたように、一定の能力を身に着けさせるための学校のような、少数の大人と多数の子どもというクラス編成です。卒園までに期待される望ましい姿に、かかわりや環境構成を通じて導きながら、子ども一人一人の意見を真に尊重していくには、さまざまな工夫が求められます。

Q あなたが「子ども」と聞いたときに、浮かんでくるイメージはどのようなものでしょうか。また、そのイメージは、保育に関する学習の始まる前と今では、変化した点はあるでしょうか。

ホップ あなたの思ったことを簡条書きに書き出してみましょう。

学習前：

学習後：

ステップ 書いたことをもとに周りの人と話し合ってみましょう。

ジャンプ 話し合ったことをもとに、子どものイメージの変化を文章にまとめてみましょう。

●発展的な学びにつなげる文献

・小口尚子・福岡鮎美・谷川俊太郎『子どもによる子どものための「子どもの権利条約」』小学館　1955 年

　当時、中学二年生が子どもの権利条約を自分たちの言葉でわかりやすく書き直したものです。大人にもわかりやすく、子どもにも説明しやすいため、子どもと大人が権利について話し合える一冊です。

・普光院亜紀『保育園は誰のもの－子どもの権利から考える（岩波ブックレット）』岩波書店　2018 年

　規制緩和によって、保育園の数は急速に拡大し、入園する子どもも増えてきました。そのなかで追いつかない保育の質。子どもにとって最良の保育とは何か、「子どもの権利条約」の観点から問い直した本です。

【引用文献】

1）J. M. G., イタール（中野善達・松田清訳）『アヴェロンの野生児：ヴィクトールの発達と教育』福村出版　1978 年

2）J., ボウルビィ（黒田実郎訳）『乳幼児の精神衛生』岩崎学術出版社 1967 年

3）Lenneberg, E. *Biological Foundations of Language.* Wiley and Sons. 1967.

4）Blakemore, C, Cooper, GP *Development of the brain depends on the visual environment. Nature* 228, 1970, pp.477 － 478

5）藤永保・春日喬・斎賀久敬・内田伸子『人間発達と初期環境：初期環境の貧困に基づく発達遅滞児の長期追跡研究』有斐閣　1987 年

6）Baltes, P. B., Reese, H. W., & Lipsitt, L. P. *Life － span developmental psychology. Annual review of psychology* 31（1）, 1980, pp.65 － 110

7）E.H., エリクソン（仁科弥生訳）『幼児期と社会 I』みすず書房　1977 年

8）Elder, G.Jr. *Family history and the life course. Journal of Family History* 2, 1977, pp.279 － 304

9）小笠原祐子「ライフコースの社会学再考―ライフサイクル視点再導入の検討」『紀要研究（日本大学経済学部　編）』75, 2014 年 pp. 139 － 153

10）仲村優一他編『現代社会福祉事典』全国社会福祉協議会　1982 年

11）林浩康「子ども観の歴史的変遷」『北星学園大学社会福祉学部北星論集』34, 1997 年 pp. 55 － 71

12）J.J., ルソー（今野一雄訳）『エミール（上）』岩波文庫　1962 年

13）エレン・ケイ（小野寺信・小野寺百合子訳）『児童の世紀』冨山房　1979 年

14）網野武博「＜総説＞子どもの最善の利益を考慮する保育」『保育学研究』54（3）, 2016 年 pp. 226 － 230

15）汐見稔幸・松本園子・高田文子・矢治夕起・森川敬子『日本の保育の歴史　子ども観と保育の歴史 150 年』萌文書林　2017 年

【参考文献】

厚生労働省「保育所保育指針」2017 年

 **コラム** ココロのイロイロ①

子どもの気質と子育て

　人には新生児のころから個人差があります。たとえば、周りがとても騒がしくてもすやすや寝る子がいるかと思えば、ちょっとした物音で目を覚ます子もいます。このような個人差を生み出すものの１つに「気質」があります。

　トマス（Thomas,A.）とチェス（Chess,S.）は、生後２〜３か月の乳児を育てる母親へインタビューを行い、乳児の気質について調べました。その結果、「育てやすい子（Easy Child）」「育てにくい子（Difficult Child）」「時間のかかる子（Slow-to-Warm-Up Child）」の３タイプが存在することを示しました。

　「育てやすい子」は、睡眠や排便が規則的で、泣いてもなだめると落ち着く傾向があります。養育者は、子どもの反応に手応えを感じ、子どもと良好な関係を築きやすいと予想されます。一方で「育てにくい子」は、睡眠や排便のリズムが乱れやすく、一度泣くとなかなか泣き止まない傾向があります。養育者は手応えを感じにくく、育て方への不安、子どもへの否定的な感情を抱く可能性もあります。「時間がかかる子」は、新しい場面に慣れて動きだすまでに時間がかかる傾向があるようです。養育者がその子のペースに合わせることができれば、あまり大変とは感じないかもしれません。

　これらの違いには生物学的な基盤があると考えられています。つまり、気質は生まれもったものであり、養育者の育て方が原因ではないということです。しかし、子どもとのやりとりがスムーズにいかないことが多く、子育てに自信をもちにくい状況では、子どもの様子を適切に受け取れなくなったり、子どもから責められている、わざと自分を困らせていると感じることもあるかもしれません。

　大人との情緒的で応答的なやりとりは、子どもの自尊心や自己肯定感の土台となります。気質の違いに目を向けることは、子どもの理解はもちろんのこと、養育者との関係性を理解する手立ての１つと言えるでしょう。

【参考文献】
トマス,A.・チェス,S.（林雅次監訳）『子供の気質と心理的発達』星和書店　1981 年

第**3**章
社会情動的発達

エクササイズ　　自由にイメージしてみてください

　赤ちゃんが最初に獲得する情動（感情）は何だと思いますか？　また、「喜び」と「悲しみ」のどちらの情動（感情）を先に獲得すると思いますか？

この章のまとめ！

学びのロードマップ

●第1節
　「自己」の発達について説明します。赤ちゃんはどのように「自分」という存在に気づいていくのでしょうか。

●第2節
　第一次反抗期について説明します。

●第3節
　情動（感情）の発達について説明します。人の情動とはどのように発達していくのでしょうか。

●第4節
　心が安定するための情動調整の発達について説明します。

この章の **なるほど** **キーワード**

■**第一次反抗期**…俗に「イヤイヤ期」や「魔の2歳児」とも呼ばれます。1歳半〜3歳にかけては子どもの自己意識が高まり、自己主張が強くなります。「いや！」やかんしゃくがみられるようになることも成長のあらわれです。

「いや！」やかんしゃくは誰もが通る発達の道筋です。

第1節　自己の発達

　私たちは、自分は自分であるという感覚をもち、自分がどのような特徴をもった人間であるかを把握しています。このような自分自身に関する認識を、私たちは誕生後にどのような道筋で身につけていくのでしょうか。

1. 自他分化意識の始まり　－出生から生後7か月ごろ－

　生まれて2か月ごろまでの子どもは、空腹や眠たさなど生理的に不快な状態であれば泣き、生理的に快適な状態のときには眠るというように、1日の大半が生理的な状態に左右されています。このような姿から、従来は、生後間もない乳児は、自分と他者との区別は全くつかず、外部の世界と無関係に生きていると考えられていました。しかし、スターン（Stern, D. N.）[1] は乳児の観察研究を通して、生後2か月までの子どもであっても、体内でさまざまな生理的緊張や情動を体験し、自分のなかで「まとまりのあるもの」として、漠然とした自己の感覚を感じつつあるとしました[*1]。

＊1
スターンは1970年代以降新たに開発された手法を使った乳児観察を行うことで、2歳ごろまでの子どもの自己感の発達について、従来とは異なる新しい理論を打ち立てました。本節は、スターンの理論を基本にしながら、他の理論や研究から得られた知見も取り入れています。

> ☞ **注目ワード**　「自己」と「自我」はなにかちがうの？
>
> 　「自己」と似た言葉に、「自我」があります。「自我」は思考、感情、知覚、行為の主体を意味し、自分の中心ともいえます。「自己」は、自分に意識され経験される自分であり、自分であるという感覚や、自分についての認識です。

　生後2か月の終わりごろから7か月ごろにかけて、手をじっとみつめたり（写真3－1）、自分の手足をつかんだり、指を口に入れてしゃぶる（写真3－2）など自分の身体を確認するような行動が多くなります。自分の身体を触る行動をすることで、自分の身体を触る感覚（能動的感覚）と、触られる感覚（受動的感覚）を同時に感じます。この体験を重ね、自分の身体を触る感覚は、他の人やものに触れたときの感覚とは違うことを理解します。その違いを感じることで、自分の身体は他の人やものとは別の存在であることを学んでいきます。

　さらに、自分の手足を動かしたり、指を口に持っていっても自己は変わらないという、自己を一貫した存在として感じるようにもなります。

　また、生後2か月ごろ以降になると、養育者からの働きかけに反応して、目と目を合わせ、ほほえむことも増え、養育者のほうからも、子どもをあやしたり話しかけることが多くなります。こ

写真3－1　じっと手をみつめる

のような、養育者をはじめとする他者との社交的なやり取りのなかで、「お母さんは、いつもこのように話しかけてくれる」「お父さんは、いつもこんな感じで抱いてくれる」など、自己だけではなく、他者に関しても一貫した要素を取り出すことができるようになるのです。なおこの時期の、子どもと大人との間に事物を介さない、「人—人」というやり取りを「二項関係」と表現する場合もあります。

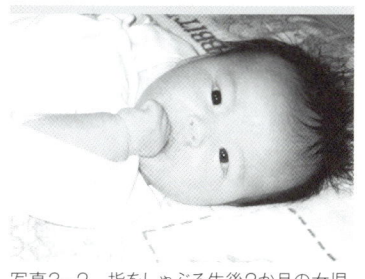

写真3-2　指をしゃぶる生後2か月の女児

指を口入れることでいろんなことを学んでいます。

②．主観的体験への気づき　−生後7か月から15か月ごろ−

　生後7か月ごろから、子どもは他の人にも自分と同じように意図や感情があることを理解するようになります。生後9か月以前では、母親が何かを指さすと、母親の指先をみるのですが、生後9か月以降になると、指さした方向をみるようになります。これは、「あそこにあんなものがあるよ」という母親の意図を理解しての行動です。また、子ども自身も、自分が欲しいものを指さして母親に教えたり（要求の指さし）、関心を共有するためにその対象を指さして教える（叙述の指さし）など、指さしを行うようになります。このように、他者と同じ対象に注意を向け、対象について他者と心の交流を行うことを「共同注意」とよびます。これは、子どもと他者との間に事物を介した「人—事物—人」というやり取り、つまり「三項関係」が成立したことを意味し、後の自己やコミュニケーションの発達のうえでも重要な転換点です[*2]。

　1歳前後では、まだ意味をもつ言葉は少ないものの、指さしなどの身振りや発声を使って、自分の意図や感情を他者に伝え、それを他者と共有できることを認識します。このような主観的な体験は、自分や他者の内面という、目にはみえない部分への興味を増すことになるのです。したがって、このころまでに子どもは、自分とは異なる内面をもつ他者の存在に気づき、それとの比較のなかで、他者とは異なる内面をもつ自己というものを意識し始めるようになります。

③．自己意識の明確化　−生後15か月から2・3歳ごろ−

（1）自己の認識がわかる「口紅課題」

　生後15か月ごろから明確に自己を認識できるようになることを示すいくつかの研究があります[*3]。その1つが、子どもに気づかれないように鼻の上に口紅をつけ、

口紅課題

＊2
親子のやり取りについてみると、二項関係の時期には身体遊びが多く、三項関係が成立すると、おもちゃなどを使ったやり取り遊びが増えるなど大きく変化します。トマセロ(1999)[2]は、この時期を「9か月の奇跡」と表現しています。

＊3
チンパンジーに等身大の鏡をみせたときの反応を調べた実験（鏡映像実験）から始まり、その後人間の子どもに、いくつか課題を変えながら応用されました。本節で紹介した「口紅課題」以外には、「おもちゃ課題」（子どもの前に鏡を置き、子どもの背後の上から少しずつおもちゃを下げ、子どもが後ろを振り向いておもちゃを取ろうとするかを観察）、「名前課題」（子どもの前に鏡を置き、鏡に映った姿を指差して「これは誰？」とたずね、子どもが自分の名前や代名詞で答えるかを観察）などがあります。

子どもに鏡をみせたときの反応をみる「口紅課題」に関する研究です。生後15〜18か月以前であれば、鏡に映った像を別の人物とみなして、鏡のなかの像を触ったり、たたくという行動を取るのですが、生後15〜18か月以降からは、自分の鼻の口紅がついた部分を触るようになります。これは鏡映像の自己認知が可能となったことを意味し、子どもが、自分自身の顔立ちのイメージをもち、それと外部の視覚的像との比較ができ始めることを示しています。

このころから増える言葉は、明確な自己認識が可能になることに大きく関係しています。言葉によって自分の意図や気持ちを伝えることで、自己に関する認識がよりはっきりとしてくるのです。2歳前後からは、自分の名前を言うようになり、自分の性別も理解し始め、「これは私のものだ」という所有意識も強くなっていきます。

（2）自己への評価が始まる

さらに、他者を意識し、「他者からみられる自分」として、より客観的にとらえるようになるのも、このころからです。また、周囲の大人が自分に抱く期待を理解し、それを「満たしている自分」「満たしていない自分」を意識するようにもなります。つまり、自己を評価し始めるのです。そこから、誇りや罪悪感、恥などのより複雑な感情も表れてきます。

「自分でやる」「自分はこれがいい」ということを強く押し出してくるのも2歳ごろからです。常に周囲の大人に要求が受け入れられるわけではなく、子どもの要求と大人の意図が衝突することが多くなり、子どもは自分と他者との意図や気持ちの違いを明確に意識することになります。このような子どもの自己の押し出しが、周囲の大人の目からみると、「反抗期」ととらえられるのです。

4. 自己概念・自己評価の発達 －幼児期以降－

自分が自分をどのようにとらえているか、すなわち自己概念は、幼児期から就学前ごろにかけて次第に内容が変わっていきます。ある研究[3]のなかで3歳児、4歳児、5歳児に「○○ちゃんは…」という文章を示して、子どもが自分のどのような特徴を挙げるか調べたところ、3歳児では持ち物や名前に関することが大きな比重を占めることが認められました。それが、年齢が上がるに従い、自分が普段行う行為、あるいはどのような行為ができるかが、子どもの自己概念のなかで大きくなることが示されています。

学童期以降には、自己概念はさらに複雑になり、性格や気分のタイプなど、

他者との関わりのなかでより相対化した自己についての認識が、大きな比重を占めるようになっていき、より的確で安定したものになっていきます[4]。

　自己評価についても、学童期には自分と他者とを比較すること（社会的比較）で、より現実に即したものになります。幼児期には親や周囲の大人の期待を基準とした自己の評価であったのに対し、学童期には仲間との比較のなかで、自己をとらえることが多くなるのです。

　自己概念について、3歳児では持ち物や名前など外的な特徴が中心と前述しましたが、「自分は何ができて、何ができないか」ということの理解も3歳ごろからも少しずつ現れてきます。次は、自分が得意ではないことは何かを意識し、それを人前ではしたくないという他者を意識した行動の例です。

 エピソード (1) 「じょうずにかけないの」

　3歳になったばかりの女の子が、保育者が数名いるテーブルで魚の絵を描いていました。保育者が「○○ちゃん、おさかなじょうずにかけるのね」というと、彼女は、「○○ちゃんねー、おさかなのおめめはじょうずにかけないの」といい、横にいた保育者に目を描いてほしいと要求しました。

　自分であるという感覚や自己概念は、子どもが一人だけでつくっていくものではありません。乳児期の養育者との相互作用を土台としながら、幼児期以降には養育者以外の大人や仲間との関わりという、他者との関係のなかで形づくっていくのです。

第2節　第一次反抗期

1. 第一次反抗期とは

　1歳半過ぎごろから2歳から3歳にかけては、子どもの自己意識が高まるにつれ、「自分でやる」「これがいい」という自己主張が強くなり、養育者の要求に対しても「イヤ」の言葉が多くなります。手先を使った操作や認知的な能力が次第に向上するため、服を着る、靴を履く、スプーンを使って食べるなどの身辺のことを一人でもできるようになり始めるのもこの時期です。

しかし、まだそのやり方は上手とはいえず、養育者の手を借りなければならないことも多いのです。「自分でやりたい」という気持ちが強いため、養育者が手を貸そうものなら、ひっくり返ってかんしゃくを起こすなど、その情動の表出の強さに周囲の者も戸惑うものです。このような子どもの姿は、いわゆる「第一次反抗期」特有のものです。

2. 衝突のなかで高まる自己意識

　この時期は、「自分でやりたい」気持ちは強いものの、自分でも何がうまくできないかを理解しています。また、養育者にやってもらいたい、甘えたい気持ちも同時に抱いています。このような揺れる思いが、激しい情動の表出や、周囲の大人の要求を何でも拒否する態度となって表れるともいえます。
　一方、養育者はこの年齢の子どもに対して、身辺の自立や社会的ルールを教えること、つまりしつけを始めます。自分の思いどおりにしようとする子どもと、しつけようとする養育者は、しばしば衝突します。このような養育者との衝突のなかで、子どもは自分とは異なる意図をもつ存在として養育者を認識すると同時に、自分が何を欲し、何をしたいのかをよりはっきりと意識するようになるのです。

3. 第一次反抗期の子どもに向き合う

　第一次反抗期を迎えた子どもへの対応は、情動表出の激しさや、頑なな態度から、養育者や保育者にとって難しいと感じることが多いものです。このような時期の子どもに周囲の大人はどのように向き合えばいいのでしょうか。
　前述のとおり、2歳から3歳のころの子どもは、「自分でやりたい」という思いがある一方で、「できないかもしれない」という思いや、養育者に甘えたいという思いを抱くという複雑な気持ちが出てきます。しかし、まだこのころの子どもは自分の気持ちを十分に言葉で伝えることはできず、その複

雑な気持ちで身動きが取れずに、かんしゃくや強い泣きという行動になってしまいます。したがって、周囲の大人から「おもちゃを取られてしまって悲しかったんだね」など、気持ちを言葉にしてもらうことで、子どもは自分の気持ちの状態がわかり、落ち着くことが多いのです。

　子どもの思いを受け止めつつ、言葉にすることのほかに、一方では大人の思いや社会的ルールを伝えていくことも大事です。養育者や保育者にも都合があり、常に子どもの要求を聞き入れることができるわけではありません。そのようなときには、「あなたがこれをやりたいのはわかる。でも、今はどうしてもできない」と養育者の都合を伝えたり、「こうしてみたら」と視点を変えた誘いかけをしてみるなど、子どもにとってできるだけわかりやすい言葉や行動で示すことが必要となります。

　つまりこの時期は、子どもの気持ちを受け止めたり、不快な気持ちの調整を手伝うなど、養育者や保育者など周囲の大人が情緒的に支えるという「情緒的有効性」が特に重要といえます[*4]。この時期の子ども同士が遊ぶ際には、ものや場所をめぐるいざこざが絶えません。次は、このような子どもたちに対して保育者が子ども同士の意図の「通訳」をすることで、子ども同士が親しみの気持ちをもって過ごせるようになった例です。

🖋 エピソード (2)　「いいよ」

　小さなぬいぐるみをたくさん抱えていたAちゃん（2歳11か月）の近くに、Bくん（2歳10か月）が近づいていきました。Aちゃんは、「きちゃ、ダメ!!」と大きな声で叫びます。そばで様子をみていた保育者が、Aちゃんに「Bくんは、Aちゃんと一緒に遊びたくて近くに行ったんだよ。ぬいぐるみをとろうとしたんじゃないよ」と繰り返し伝えました。それでも何度も「ダメ!!」と繰り返すAちゃんの気迫に驚き、Bくんは身動きができません。しばらくすると、Aちゃんは、「いいよ」と自分の横にBくんが座れるスペースを空けるように、少し横に移動しました。Bくんはほっとしたように、Aちゃんの隣にニコニコしながら座りました。

4. 自己制御の発達

　子どもは、周囲の大人と衝突しながらも、自分の思いを言葉にしてくれたり、方向づけてくれる人とのやり取りを重ねていきます。このような経験の中で、子どもは自己を押し出すこと（自己主張）と、他者を尊重して自己を

＊4
ハンガリーの精神分析医のマーラー（Mahler, M.S. 1897-1985）は誕生から3歳前後までの子どもの、母親との共生的状態からの「分離」、および子どもの自我や自己同一性の確立（「個体化」）という精神内過程を理論化しました[5]。その中で、子どもが不安のときにはなだめ、外の世界を探索しているときには見守るという、母親の子どもを情緒的に支える態度が、第1次反抗期に相当する時期（「再接近期」）に特に重要であると指摘しています。

抑えること（自己抑制）のバランスを取れること、つまり自己制御を身につけていきます[6]。

社会的場面において自己主張と自己抑制が3歳から7歳にかけてどのように変化するかを調べた研究[7]によれば、自己主張は初期に急激に伸び、後はほとんど変化がみられないのに対し、自己抑制は7歳までほぼ直線的に伸びがみられます（図3-1）。子どもは、信頼する大人に対して、自分の思いや欲求を表現し、受け止めてもらうという体験を積み重ねることで、幼児期後期以降にはほかの子どもたちとのやり取りのなかで、自己制御を学んでいくのです。

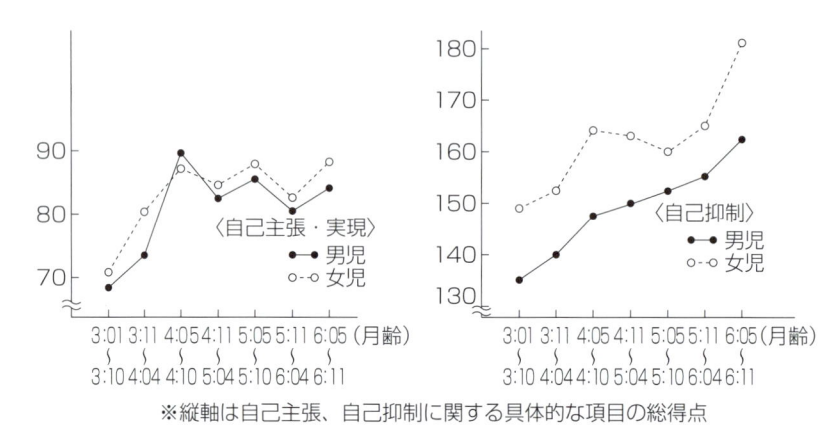

※縦軸は自己主張、自己抑制に関する具体的な項目の総得点

図3-1　自己主張と自己抑制の変化

出典：柏木惠子『幼児期における「自己」の発達』東京大学出版　1988年　p.23

第3節　情動の発達

　誕生間もない乳児も、口を大きく開けて泣いたり、口元を緩めてほほえむような表情をみせます。しかしこのころから、私たち大人が抱くようなさまざまな情動[＊5]を感じているとは考えられません。成長とともに、少しずつ大人と同じような情動を備えるようになるのです[＊6]。

1.一次的情動の発達

　誕生間もないころには、満腹であり、睡眠も足り、おむつもきれいである状態では満足、その反対の状態では苦痛という2つの情動が中心となります。このころ、睡眠中に微笑のような表情をみせるときがあります（生理的微笑：写真3-3）。これは、神経のけいれんに伴って生じる生理的な現象であり、

このとき子どもが喜びという情動を感じているのではありません。また、目を覚ましていて周囲を見回しているようなときには、興味を感じていると考えられます。

　生後2か月の終わりごろには、養育者があやすと目を合わせてほほえむ行動もみられ（社会的微笑：写真3－4）、喜びという情動の反応が現れます。反対に、母親が子どもとのやり取りをやめると、悲しみの情動を表すようにもなります。また、生後3か月ごろには、口のなかに苦いものを入れると吐き出す行動にみられるように、嫌悪の情動も現れてきます。

　さらに、生後4〜6か月ごろには、手や足を自由に動かせないようにされると、怒りの情動の反応を示すようになります。また、生後7か月ごろから始まる「人見知り」という現象は、子どもがよく見知った人と、見知らない人とを区別し、見知らない人への恐れの情動が泣きという行動になって表れたものです。このころまでには、予期していたことと食い違う出来事に出会うと、驚きの表情をみせるようにもなっていきます。

　このように、生後6〜7か月までに喜び、悲しみ、嫌悪、怒り、恐れ、驚きの情動がみられるようになります。生後間もないころに比べると、かなり表情や行動での表現が豊かになり、今この子がどのような気持ちであるかを養育者も理解しやすくなります。

　これら喜び、悲しみ、嫌悪、怒り、恐れ、驚きはものや人に対する直接的な情動であり、一次的（基本的）情動といわれます[8]。

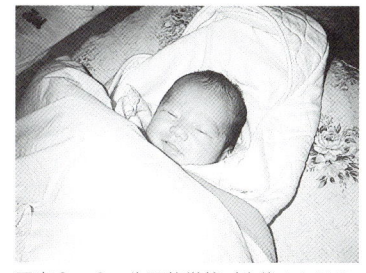
写真3－3　生理的微笑（生後1か月の女児）

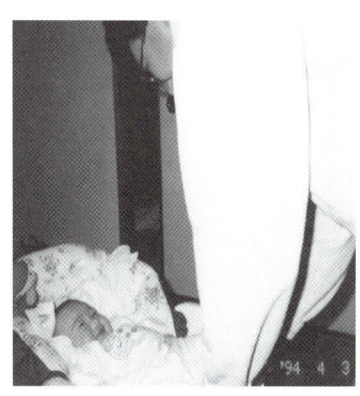
写真3－4　社会的微笑（生後3か月の女児）

2. 二次的情動の発達

　1歳半ごろになると、他者とは異なる存在として自分を客観的に理解することができるようになります。その自己意識から、照れ、羨望、共感という情動が生まれます。たとえば、養育者以外の大人から話しかけられると、養育者の後ろに隠れながら様子をうかがうという行動は、人からみられる自己を意識し、照れという情動の表現ともいえます。

　2歳半から3歳になると、周囲の大人が自分に求めることを理解し始め、その要求や期待を自分が満たしているかどうかを評価します。周囲の大人の

ふりかえりメモ：
....

要求や期待を満たせば誇りを、満たさない場合には恥、気まずさ、罪悪感という情動を感じるようになります。たとえば、子どもが残さずに食事を全部食べ、養育者のほうをみてにっこりと笑うのは、養育者の期待を理解したうえでの誇りの表現なのです。

照れ、羨望、共感、誇り、恥、気まずさ、罪悪感、嫉妬などは、自己意識や他者の要求や期待というように、自分と他者とが関わっている情動であり、二次的情動*7といわれます[9]。

私たち大人が感じるおおよその情動は3歳ごろまでには現れると考えられています。しかし、これらの情動だけが単独で発達したのではありません。這ったり、歩行を始めることで、新たなものをみつけた喜びと同時に、未知のものに出会った恐れを感じる体験も多くなるでしょう。誇りや恥などの二次的情動は、前述のとおり、自己を意識し、評価するという認知的な能力が備わって初めて出現します。また、子どもの情動の表現を受け止める他者がおり、他者の情動の表現を体験することで、他者が感じる情動を理解することもできるようになっていきます。

このように、子ども自身の運動や認知の能力の発達に支えられ、養育者をはじめとするさまざまな他者との情動のやり取りを通して、内的な経験を重ね、情動は少しずつ複雑なものへとなっていくのです。

第4節　情動調整の発達

1. 情動調整とは

私たちが感じる情動のなかには、喜びや誇らしさなどの快の情動もあれば、怒りや恐れなどの不快な情動もあります。快、不快に関わらず、その程度があまりに強過ぎたり、時間が長くなると日常生活を過ごすうえで支障が出ることが多くなります。さまざまな情動を適度に調整すること、すなわち情動調整は私たちが精神的に安定し、成熟した人間関係を維持するための重要な心の働きです。

誰かがぶつかってきたときに一瞬怒りの情動が生じるでしょうが、大人であれば、「あの人も急いでいたのだろう」などと考え直すことで、怒りの情動を鎮めるでしょう。しかし、幼児の場合には同じような状況では、攻撃的な行動で怒りの情動を表現するでしょう。それでは、どのようにして、子どもは私たち大人のように情動を調整することができるようになるのでしょうか。

＊7
これらの情動は、自己意識が成立した後に出現すると考えられており、自己と他者との比較（社会的比較）から生じるといえます。しかし、たとえば「嫉妬」という情動、つまり「今自分がもっているものを他者に奪われること」を意識することから生じる情動でも、生後6か月児に観察されることを示す研究[10]もあります。二次的情動の発達についての研究は未だ十分とはいえないようです[11]。

2. 情動調整の発達の道筋

（1）養育者主導の調整　−生後３か月ごろまで−

　生後間もないころの子どもの不快さは、空腹、疲労、痛みなど生理的欲求が妨げられることから生じます。この時期の子どもも、不快な状態に対して全く無力というわけではなく、頭を回したり、指を吸うなど偶発的に起こる反射的な行動によって調整することができます。さらに、生後３か月ごろになると、視覚的能力や手足を維持する力がかなりついてくるため、自発的に姿勢や視線を変えることで、不快刺激を避けることができるようになってきます。ただし、これらの能力はまだ限定的なため、不快の程度が強い場合には自分だけでは調整できず、調整もかなり偶発的に起きます。そのため、子どもは泣いたりぐずることで自分の不快さを表現し、養育者に取り除いてもらうように催促します。泣けばすぐに養育者が応えてくれることを繰り返すことで、養育者への信頼感が培われていくのです。

（2）養育者と子どもとの間での調整　−生後３か月ごろから満１歳ごろまで−

　生後３か月を過ぎると、子どもが養育者に向かってほほえむことが増え、それに応じて養育者は子どもの喜びという情動をさらに増やそうとあやしたり、話しかけることになります。このとき子どもの情動レベルが強過ぎれば、子どものほうから視線をそらしたり、泣き出すことで、調整を行います。子どもと遊んでいた母親がわざと無表情になると、子どもは、自分に関わるように促す働きかけをしばらくし、それでも効果がないとわかれば、目をふせ

> 母親と子どもとが向かい合って座っている。母親の表情が見えるように鏡が置かれている。

母親と子どもは、見つめあって微笑んでいる。

母親が無表情になると、子どもは目をそらし、笑顔も消えた。

図３−２　養育者と子どもの情動の調整

出　典：Field, T., The effects of mother's physical and emotional unavailability on emotion regulation. *Monographs of the Society for Research in Child Development*, Vol.59, 1994 をもとに作成

＊8
子どもの健全な情動の発達において、養育者と子どもがお互いに情動的に反応し合うことが重要であることを示す実験としても知られます。母親が実験者の指示で無表情（静止した表情）をする際の、子どもの反応を観察することから「still（静止した）face 実験」と呼ばれます。生後1〜4か月という月齢が低い子どもでも、母親の無表情に対して、目をそらしたり、引きこもったような表情をみせます。

る、眉をしかめる、唇をかむなどの引きこもったような表情をみせることが実験のなかで示されています（図3−2）＊8。このような行動によって、母親とのやり取りが中断することで生じた不快さや不安が、それ以上強くならないように調整しているのです。

　満1歳に近くなると、自力で移動する能力や、手でものを自在に操作する能力がつき、目的を達成するための手段を理解するようになります。たとえば、遠くにあるおもちゃを取りに行き、おもちゃを操作することで退屈さを紛らわすこともあります。また、指をかんだり、髪の毛を触るなど、自分の身体を使って苦痛や退屈さを調整することも多くなります。

　さらに、このころには、養育者を「社会的やり取りをする相手」としてだけではなく、「自分を助けてくれる存在」としてもみなすようにもなります。たとえば、見慣れないものを目の前にした際、母親のほうを振り返り、母親が安心した表情をすれば触り、母親が心配そうな表情をすれば触らないという行動（社会的参照行動）も現れてきます。養育者の表情を見て、自分のなかによび起こされた不安や恐怖を調整しているのです。

（3）養育者を補助とした、子ども主導の調整　−1歳から2歳ごろまで−

　1歳から2歳になると、自分を客観的にとらえ、自分自身が行動を引き起こす主体となることを理解し始めます。不快さの原因を認識し、それを取り除くために何をすればよいかをある程度計画的に考慮できるようにもなります。

　たとえば、おもちゃが入った箱が閉まっているとき、ただ養育者に慰めてもらうだけではなく、養育者に箱を開けるよう要求し、実行させることで不

☞ **注目ワード**　　**社会的参照と視覚的断崖**

　社会的参照行動を子どもが示す代表的な実験は、「視覚的断崖」と呼ばれる装置を使ったものです。深さが約30cmの溝の上にガラス板が置かれ、ガラス板の向こうにおもちゃがあります。おもちゃを取るためには、そのガラス板の上を渡っていかなければなりませんが、これは子どもに「怖い」という情動を引き起こす状況です。このとき子どもは、おもちゃの近くにいる母親の表情を見ます。母親が微笑んでいればガラス板を渡り、母親が不安そうな表情をしていれば渡りません。

ガラス越しに床の模様が見える

模様板の上にガラス板がある

図3−3　視覚的断崖実験の装置

出典：Gibson, E. & Walk, R. D., The visual cliff. *Scientific American*, 1960 をもとに作成

快さを調整します。また、おもちゃを片づけられてしまった状況でも、自分からほかの遊びをみつけて遊び始めるなど、自発的な気紛らわしも行うようになります。

　この時期には言葉の発達も情動調整の成熟に大きな影響を与えます。泣くだけであれば、養育者であっても子どもの情動の状態を正確に知ることが困難な場合もありますが、言葉で情動を伝えることで、養育者が子どもに対してどのような行動を取ればよいのか理解しやすくなり、子どもの不快情動を調整しやすくなっていきます。

　自己意識が強くなり、養育者と衝突することが増えるこの時期には、子どものかんしゃくも多くなります。このような強い不快情動の場合には、養育者に抱く、なでるなど身体的な接触をしてもらったり、言葉で不快さを受け止めてもらうことで、ようやく不快な情動が調整されることも多いのです。

（4）子ども自身での調整　－3歳から4歳以降－

　3歳から4歳以降になると、かんしゃくや強く泣くことは、それ以前と比べると減っていきます。幼稚園などの集団の場に入った子どもは、仲間との遊びのなかで、言葉による情動調整を発達させていきます。これまでのように、養育者が一緒のときばかりではなくなり、養育者が不在でも不快情動を調整しなくてはならないことが増えます。また、記憶力やイメージを扱う力が成熟することで、何をしてよいのか、いけないのかの規準が自分のなかに内面化され、養育者が目の前に存在しなくても、自分の行動を調整できるようになっていきます。

　さらに、3歳から4歳ごろには、相手の気持ちを考えて自分の情動を調整することもできるようになってきます。たとえば、魅力的ではないものをプレゼントされたときに、贈り主がいないときには、がっかりした表情をするのですが、贈り主がいるときには、がっかりした情動を表さないこと（表出ルール）もでき始めます[12]。

　5歳から6歳ごろになると、自分の情動を行動で示すよりも、言葉で示すことが多くなります。同じ子どもを対象に、2歳のときと5歳のときに、養育者の要請に対してどのような反応をするか調べたところ、5歳のときには、2歳のときと比べて、かんしゃくやぐずりなどの反応が減る一方で、取り引きをして養育者の要求を変えたり、妥協したり、説明をするという反応が増えたことが報告されています[13]。

　以上のとおり、子どもの情動調整の発達は、養育者から言葉や身体的接触などを通して調整の助けを受けながら、次第に子ども自身が主体となって調

整していくプロセスをたどるのです。

　次のエピソードは、子どもがどのように情動調整の方法を発達させるのかを調べるため、筆者が同一の子どもたちを同じ場面で、2歳前半と3歳後半という2つの時点で観察したものの一部です[14]。観察場面は、子どもが母親といくつかのおもちゃを使って遊んだ後で、母親が「もう時間になったから片づけるね」といって、おもちゃを片づけ始めるというものです。そのときの子どもの様子を観察しました。

エピソード (3)　情動調整の発達

> 　ある男の子は、2歳前半のときには激しく泣き、母親に抱きかかえられると母親の衣服を触り、やや泣き方は落ち着いたかにみえました。しかし、またすぐにおもちゃのことを思い出し、泣き始めていました。それが、3歳後半になったときに全く同じ場面でみると、彼は不満そうな表情はしながらも、母親に「何時になったら貸してくれるの?」と時計をみながら尋ね、泣くこともなく母親とのおしゃべりを続けました。

　2歳前半のときには、母親に抱かれるなどの助けをもらいながら何とか不快な情動を鎮めようとしていたのですが、その不快さが強いためになかなか鎮まりませんでした。それが、3歳後半のときは、それまでの母親からの助けを土台にしたうえで、言葉や認知の発達にも支えながら、自分の不快な情動を調整できるようになったのです。

3. 情動調整を難しくする要因

　情動調整の一般的な発達の道筋を述べてきましたが、子どもたちのなかには、何らかの原因で情動調整の発達が順調でない者もいます。情動調整の発達に関係する要因を大きく分けると、子ども側に存在するものと、子どもの外の環境に存在するものがあると考えられます。

(1) 子ども側に存在する要因

　子ども側に存在する要因としては、発達の障害に起因するものがあります。たとえば、注意欠陥多動性障害（ADHD）*9 の子どもは、衝動性や多動性の高さから、対人関係のトラブルが多くなりがちです。そこで生じた怒りなどの不快な情動も、注意の切り替えの難しさによって、おさまるまで時間がかかります。

*9
詳しくは、第7章の
p.118を参照。

　また、発達の障害とはいえませんが、生まれもった気質に起因する場合もあります。いわゆる「育てにくい子」（difficult child）の場合には、養育者の働きかけでも、容易には情動が沈静化しないということも多いのです。

（2）子どもの外の環境に存在する要因

　子どもの外の環境に存在する要因の代表的なものは、養育者の関わり方です。養育者が子どもの不快な情動に対して応答的でなく、拒否的な態度を示すことを続ければ、その子どもは不快な情動の表出を最小限にすることが最も有効な情動調整の方法であることを学ぶでしょう。また、養育者が、あるときには応答的なのですが、ほかのときには拒否的であるなど、その態度に一貫性がないことが極端であると、子どもは不快情動の表現をおおげさにすることで養育者の関心を引きつけようとするでしょう。自分の情動を無理に抑えることも、情動を派手に表出することのいずれの場合でも、子どもの健全な情動調整の発達とはいえません。

（3）相互に影響し合う子どもと環境

　情動調整をはじめとして、子どもの発達は、子ども側や、子どもの外の環境が単独で影響しているのではありません。たとえば、子どもが気質的に不快情動の調整の難しさをもっていると、養育者は泣きわめく子どもを抑えようと体罰での関わりが多くなり、その影響で子どもも他児に攻撃的な行動が多くなるという場合には、子ども側の気質と養育態度とが相互に影響し合っているといえます。

　このように、さまざまな要因は複雑に絡み合っているため、情動調整の健全な発達が何によって阻害されているかを1つだけに特定できる場合は少ないといえます。しかし、情動を調整することは、自分の内面的な状態を調整するだけではなく、他者との関係をも調整するという、人にとって重要な心の機能です。そのため子どもの情動調整の発達を阻んでいる要因を整理し、できるだけ発達の早期に支援をすることが必要なのです。

Q 第一次反抗期は子どもの自己の発達において、どのような意味をもつか考えてみましょう。

ホップ　この時期の子どもが不快な情動を表す際に、大人はどのように対応すればよいでしょうか。あなたの考えを箇条書きにしてみましょう。

....

....

....

ステップ　第一次反抗期の子ども役とその保護者役になって、お互いに演じ合ってみましょう。

....

....

....

ジャンプ　演じ合って感じたことを話し合ってみましょう。

....

....

....

●発展的な学びにつなげる文献

・鯨岡峻・鯨岡和子『保育を支える発達心理学 ―関係発達保育論入門』ミネルヴァ書房　2001 年
　筆者たちが一人の子どもを1歳半から3歳ころまでの成長を観察し、子どもが人との関わりのなかで、多くの情動を体験し、情動を調整しながら、自己性を発揮していく姿を、具体的なエピソードを通して記述しています。

・須田治『情緒がつむぐ発達―情緒調整とからだ、こころ、世界』新曜社　1993 年
　日本で数少ない、情緒調整をテーマにした本です。情緒調整（情動調整）を「他者との関係を自律的に調整する情緒のはたらき」ととらえ、誕生から幼児期までの情緒調整の発達の道筋を、エピソードを盛り込みながら解説しています。

【引用・参考文献】
1）D. N. スターン（神庭靖子・神庭重信訳）『乳児の対人世界　理論編』岩崎学術出版社　1989 年

2 ）M. トマセロ（大堀壽夫他訳）『心とことばの起源を探る－文化と認知』勁草書房　1999 年

3 ）Keller, A., Ford, L. H., & Meacham, J. *Dimensions of self-concept in preschool children. Developmental Psychology,* Vol.14, 1978, pp.483 － 489.

4 ）柏木惠子「第 2 章　自己についての認識（自己概念）の成立と展開」『子どもの「自己」の発達』東京大学出版会　1983 年　pp.42 － 78

5 ）M. S. マーラー・F. パイン・A. バーグマン（高橋雅士他訳）『乳幼児の心理的誕生』黎明書房　1975 年

6 ）坂上裕子「第 7 章　子どもの自律につきあう－反抗期をめぐって－」加藤邦子・飯長喜一郎編『子育て世代、応援します！』ぎょうせい　2006 年　pp.153 － 175

7 ）柏木惠子『幼児期における「自己」の発達』東京大学出版会　1988 年

8 ）Lewis, M., *The emergence of human emotions.* In M, Lewis & J. M. Haviland（Eds.）*Handbook of emotions.* Guilford Press, 2000, pp.223 － 235.

9 ）Lewis, M., *Self-conscious emotions : Embarrasment, pride, shame, and guilt.* In M, Lewis & J. M. Haviland（Eds.）*Handbook of emotions.* Guilford Press, 1993, pp.563 － 573.

10）Hart, S. & Carrington.H., *Jealousy in 6 -month-old infants, Infancy,* 3, 2002, pp.395 － 402.

11）澤田匡人「妬みと嫉妬」有光興記・菊池章夫編著『自己意識的感情の心理学』北大路書房　2009 年　pp.160 － 179

12）Cole, P. M., *Children's spontaneous control of facial expression. Child Development,* Vol.57, 1986, pp.1309 － 1321.

13）Kuczynski, L. & Kochanska, G. *Development of children's noncompliance strategies from toddlerhood to age 5, Developmental Psychology,* 26, 1990, pp.398 － 408.

14）金丸智美・無藤隆「情動調整プロセスの個人差に関する 2 歳から 3 歳への発達的変化」『発達心理学研究』第 17 巻第 3 号　日本発達心理学会　2006 年　pp.219 － 229

第**4**章

身体の機能と運動の発達

 **エクササイズ**　　自由にイメージしてみてください

　あなたが子どもの頃に好きだった遊びを思い出してみましょう。それは身体全体を使うものでしたか？それとも手先を使うものでしたか？

この章のまとめ！

学びのロードマップ

● 第1節
乳幼児の身体的機能の発達の過程を説明します。

● 第2節
乳幼児の運動機能の発達の様子を説明します。

この章の なるほど キーワード

■ **生理的早産**…多くの動物は生まれてすぐに立ったり歩いたりしますが、人間はとても未熟な状態で生まれてきます。しかし、未熟で生まれてくるがゆえに、たくさんの可能性をもっていると言えます。

未熟な状態で生まれてくる原因は、ヒトが二足歩行することになったために骨盤が小さくなったからという説があります。

第1節　身体的機能の発達 . . . .

1. 生理的早産

　人間は哺乳類のなかでも二足歩行や言語を使ったコミュニケーションなど、高い能力をもっていますが、とても未熟な状態で生まれます。哺乳類の多くは、生まれてから数時間で自力での歩行や栄養の摂取が可能です。しかし人間は、歩行はもちろん、自分で栄養をとることも言葉を話すこともできません。ポルトマン（Portmann,A.）はこれを「生理的早産」と呼びました。本来なら胎内で獲得する様々な能力が、生後数年間にわたる月日を経て獲得されていくのです。

　人間の健やかな成長が保障されるためには、安全を守り、大切に育ててくれる大人の存在が必要です。成長の過程で、身体が大きくなるだけでなく、言葉が育ち、コミュニケーションが活発に育ちます。私たちのこれまでの成長過程でも、多くの大人とかかわり、様々な影響を受けているはずです。次はあなたが保育者として、あるいは養育者として次の世代へ引き継ぐのです。

☞ 注目ワード　離巣性と留巣性

　ポルトマンは動物の発達の特徴を離巣性と留巣性に分けて考えました。たとえば、ウマやクジラ、サルなどが離巣性です。離巣性とは、長い妊娠期間を経て出生し、一度に出生する数が少なく、出生時に十分発育しており「巣立つもの」として生まれてきます。一方、留巣性は、妊娠期間が短く、一度に出生する数が多く、未熟な状態で出生することが特徴です。ウサギやリスが留巣性です。こうしてみると、人間は離巣性の特徴も留巣性の特徴ももっていることがわかります。

2. 身体の育ち

　新生児の身長は 50cm 弱、体重は 3,000g 前後です。1年後には身長は約 1.5 倍、体重は約 3 倍に成長します。その間の発達を見ると、「頭部から脚部へ」という上から下への発達の順序と方向性があります（図4－1）。まず首がすわり、次に一人で座れるようになり、つかまり立ち、ハイハイといった脚を使った運動が可能になります。体内組織の発育曲線を見ると、生後 6 年間での生殖器以外の組織の発達が著しいことがわかります（図4－2）。このように、生まれてから発達する部分が多い

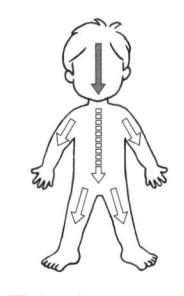

図4－1
発達の順序と方向性

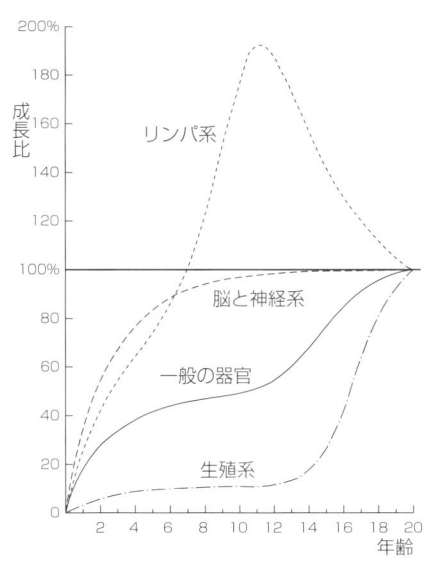

図4-2　スキャモンの発達曲線・発達の順序と方向性
（Scammon,1930）

ことも、人間の発達の特徴といえます。

　また、新生児には特有の反射があり、これを新生児反射（原始反射）と呼びます[1]。反射とは、熱いものに触れたときにとっさに手を離すような、自分の意思とは関係なく起こる行動の1つです。

　栄養の摂取を母乳などに頼る新生児にとって、吸啜反射を通して栄養の摂取が可能となり、抱きつくように見えるモロー反射も、不安を感じたときにしがみついたり抱きつく行為の原点としてみることができます。これらから、未熟で無力にみえる乳幼児でも、潜在的には多くの能力を持っていることがうかがえます。

　また、新生児がウトウトしているときに頬がゆるんで微笑んでいるようにみえることがあります。これを「新生児微笑」とよびます。新生児微笑は生理的に生じるものなので「生理的微笑」ともよびます。つまり、新生児が笑っているのは、感情を含んだものとは異なります。しかし新生児の微笑みに出会った大人は「赤ちゃんが笑った」と感じ、かわいいと思う気持ちを刺激されます。この笑顔によって、新生児は大人による愛情を引き出し、心身ともに成長する手段を獲得すると考えられています。

　これらの身体の育ちには個人差がありますが、多くの乳幼児に同じようにみられ、首のすわりや寝返りのための特別な訓練は必要ありません。時期がくれば、自然にできるようになることが多いのです。このことから、乳幼児の身体の発達は、生まれる前から準備されていたものが、次第に形となってあらわれてゆくと考えることもできます。

＊1
新生児反射には、足の裏に刺激を与えたときに指を開いてそり返す「バビンスキー反射」、口に入れたものを吸う「吸啜反射」、手のひらに触れたものを強く握る「把握反射」、大きな物音をたてたときに手足を広げて抱きつくような体勢をとる「モロー反射」などがあります。これらは新生児期を過ぎると自然に消えます。

3. 視力と聴力の育ち

（1）視力

　新生児は大人の養育を必要とし、受け身であるように見えますが、実は高い能力をもっていることがいくつかの実験から明らかになっています。

　新生児の視力で見える距離は 20 ～ 30cm ほどであり、まだぼんやりと周りが見えている状態ですが、大人が抱っこしたときに視線が合う距離と一致します。そして動くものを目で追う「追視」や口の動きを真似る「新生児模倣」が見られます。

　電車などで乳幼児と視線が合ったときに、じっとみつめられて困った経験はありませんか。アメリカの心理学者ファンツ（Fantz,R.L.）は、「馴化―脱馴化法」で明らかになった "乳児は興味があるものをみつめる" という行動特性に注目しました。そして「選好注視法」という方法を用いて、さまざまな図形をみつめる時間の比較を行ないました（図4－3）[1]。

☞ 注目ワード　馴化―脱馴化法

　H・パポウゼックらによる実験手続きです。難しそうに見えますが馴化とは「慣れ」のことです。乳児におしゃぶりを与え、乳児がそれを吸うごとに、目の前のスクリーンに赤い色の図形が投射されるしかけを作ります。すると乳児は、この変化がおもしろくて、数回立て続けにおしゃぶりを吸うようになります。そして飽きると吸いつき反応の回数は元の水準に落ち込みます（馴化）。そして、図形の色を変えると再びおしゃぶりを吸う回数が増えました（脱馴化）。この実験により、乳児でも与えられた2つの刺激について区別ができていることがわかりました。

☞ 注目ワード　選好注視法とは

　ファンツらによって開発された研究手法です。乳児に一組の絵を提示します。観察者は乳児がどちらの絵を注視したかを記録したところ、乳児が高い識別能力をもっていることがわかりました。この方法は未熟児や新生児にも使うことができ、ものを見た経験がほとんどないはずの新生児も選好注視を示すことがわかりました。

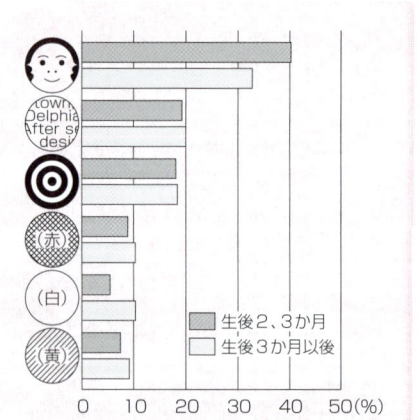

図4－3　注視時間からみた乳児の図形パターンに対する好み（Fantz,1961）

　その結果、乳児は形やパターンがあるもの、そして人の顔の特徴をもつ図形を好むことがわかりました。乳幼児が人の顔をじっとみつめるのは、人に

関心を示しているからです。鏡に映った自分の顔を認識するのは２、３歳ですが、生まれたときから人間の顔を見分けるというのはとても不思議だと思いませんか。

 ### エピソード（1）　赤ちゃんの応答性

> 生後２週目のＡちゃんは、機嫌よく起きているときに、家族と目が合うとじっと見つめます。目の前でゆっくり舌を出したりしまったりすると、しばらくその様子を見つめてから、同じように舌を出したりしまったりしました。口を開けたり閉じたりすると、同じように真似をします。これを新生児模倣と呼びます。
>
> また、手足をバタバタさせているときに「ご機嫌だね」と話しかけると動きを止めて、話し終わるとそれに応じるかのようにまた手足を動かします。Ａちゃんは、周りからの刺激に上手に応じているようです。

（2）聴覚

　聴覚はどうでしょうか。聴覚は、母親の胎内にいるときから発達しており、周りの声や音が聞こえていることが多くの研究から示されています。出産が近くなった母親がお腹の胎児に話しかけたり、ポンポンとお腹を叩くと、それに応えるように身体を動かしたりお腹を蹴り返すことがあります。これは外界の音や刺激を感じ取っている証拠といえます。

　誕生後数週間の新生児にさまざまな声を聞かせた実験があります。ファンツの実験では、図形をみつめる時間を比較しましたが、聴覚の実験では、音に興味を示すとおしゃぶりを吸うという新生児の行動特性を利用して、おしゃぶりを吸う回数の多さで比較しました。

　その結果、低い声よりも高い声、そしてゆったりと抑揚のある声を好むことがわかりました。つまり、大人が乳幼児に語りかける声のトーンとよく似ていたのです。これをマザリーズ（motherese：母親語）と呼びます。私たちは乳幼児に語りかけるときに、普段より少し高い声で、さらに抑揚をつけてゆったりと話しかけていませんか。マザリーズはどの文化圏にもみられ、乳幼児にも心地よく、情緒の安定にもつながります。やさしい語りかけは、乳幼児と大人のコミュニケーションを育てているのです。

　また、胎内でよく聞いていた声や、外国語よりも母国語を好むことがわかっています。これらから、胎内にいるときから周りの大人が胎児にやさしく語りかけてコミュニケーションをとることは、胎児にも良い影響を与えると考えられます。

第2節　運動機能の発達 ....

1. 粗大運動

（1）乳児期の運動発達

　乳幼児期は身体の発達とともに身体全体を使った動き（粗大運動）が活発になり、やがてバランスをとることや、タイミングに合わせて止まるといった複雑な動きができるようになります。

　ひとり歩きができるまでの生後約1年間の身体の発達はとても大きな変化です（写真参照）。第1節で述べたように発達には順序と方向性があるので、まず首が座って左右を見渡せるようになり、やがて寝返り、はいはい、つたい歩きと移動の手段を獲得していきます。視力や聴力の発達も作用して、関心をもったものに自力でアプローチできるようになるのは、乳児にとって非常に刺激的であり、その好奇心を存分に満たせる環境を整えたいものです。動きをコントロールするのはまだ難しいので、寝返りの拍子にベッドから転落してしまうことや、思いがけないものが踏み台となって高いところに上ってしまうことがあるので、安全への配慮が大切です。

（2）幼児期の運動発達

　歩行が安定してくると、次はもぐる、くぐるなど様々な身体の動きを楽しむようになります。そして、リズムに合わせて身体を動かすなど、自分の意志で動きをコントロールできるようになるので、少し高さのある不安定な場所などを好んで歩きたがります。うまくバランスをとりながら歩く緊張感と、時には大人と手をつなぎ、その安心感に守られて様々な動きにチャレンジしていきます。

　3歳を過ぎるとジャンプ、けんけん、ぶら下がるなど動きもダイナミックになります。そして、タイミングに合わせて止まる、動きの速さを加減する

 エピソード（2）　いすとりゲーム

> 　4歳児クラスのBちゃんは、いすとりゲームが大好きです。曲がとまったタイミングでとっさに空いている椅子に座り、お友だちとぶつかりそうになると上手によけます。さらに、椅子のとりあいになったらじゃんけんで決め、ときには悔しくて泣いてしまうこともあります。いすとりゲームはルールがシンプルなので、椅子に座れなかったときの気持ちの表し方もさまざまです。

●生後１年間の乳児の発達をとらえた写真

新生児微笑：
微笑む赤ちゃん

写真4−1　生後３週間

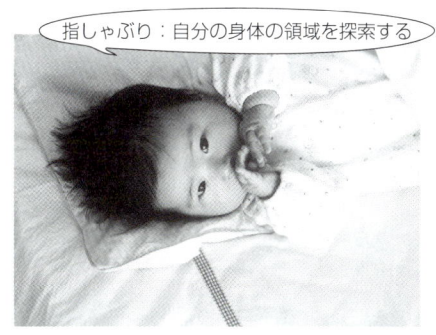

指しゃぶり：自分の身体の領域を探索する

写真4−2　生後３か月

首がすわり、
自由に左右を
みることが
できる

写真4−3　生後５か月

寝返りができる
ようになる

写真4−4　生後６か月

ものをもつのが上手になる

写真4−5　満１歳

つかまり立ち
を経て歩ける
ようになる

写真4−6　満１歳

といった複雑な動きができるようになります。危ないように見えても、落ちないようにつかまったり、子どもなりに考えながら動いているようです。

2. 微細運動

（1）乳児期の手指の操作

　身体全体を使った動き（粗大運動）が活発になるのと並行して、手指を使った動き（微細運動）も発達していきます。興味のある物へ手を伸ばすリー

チングを経て、自分の意志でものを持つことができるようになるのは、生後6か月を過ぎた頃でしょう。この時期は手に持ったものを口に入れて確かめるので、誤飲などへの注意が必要です。

　1歳前後から、手指を使った動きは急速に発達します。ティッシュを次々と出す、なんでもくしゃくしゃに丸めたり破く、といった行動が増え、身の回りのすべてが遊びの対象となります。また、ハンカチなどを意図的に落とし、大人がそれを拾うとまた落とし、また拾ってもらうという繰り返しを楽しみます。この頃は、いないいないばあなど繰り返しのある遊びを好みます。また、小麦粉粘土や砂など形が自由に変えられる素材に触れて感触を楽しむのも良いでしょう。

　生活面では、スプーンやコップを持つ、みかんの皮をむくなど手指を使う機会も増えます。手づかみで食べることもありますが、色々な食べ方を試してみたい時期でもあります。また、さまざまな手の動きがコントロールできるようになると、お友だち同士で手をつなぐ楽しさも体験します。

 エピソード (3)　おさんぽ

> 　歩行がしっかりしてきたら、一緒に歩いておさんぽが楽しめるようになります。草花や虫を見つけると立ち止まってしゃがみ、飛行機が飛んでいたら空を見上げて手を振り、興味を持ったものに次々と触れられる楽しいひと時です。保育では、お友だち同士で手をつないでおさんぽへ出かけると、大人と手をつなぐときとは違ってお互いに加減がないと引っ張られたり、歩くペースが乱れてしまうので、他者の動きに気を配る体験にもなります。

（2）幼児期の手指の操作

　2歳を過ぎる頃から、遊びのなかでも手先を使うことが増えます。積み木を重ねたり並べたりするときには指先のコントロールと慎重さが必要です。3歳頃から、砂や粘土でイメージしたものを形作ったり、はさみやのりを使った制作にも取り組むようになります。

　次のページに示した4枚の写真は、ある子どもの1歳から5歳までの描画の変化をとらえたものです。1歳の頃はなぐり描きが中心ですが、徐々に丸や線、輪郭のあるものを描くようになり、3～4歳頃に描く人物画は、頭から足が出ている「頭足人」になることがあります。4～5歳頃から胴体のある人物を描きます。そして、迷路や地図など上から眺めているような絵や、体験したことや想像したことを描くようになります。写真にある迷路は「か

●1歳から5歳までの描画の変化をとらえた写真

写真4－7
なぐり描き（1歳9か月）

写真4－8
頭足人（3歳8か月）

写真4－9
胴体のある人物（4歳8か月）

写真4－10　迷路と鏡文字（5歳2か月）

絵にも発達の順序が
あるんだね。

んたんもーど（簡単モード）」と文字も書いてありますが、「ど」が左右逆向きに書かれており、これを「鏡文字」といいます。

　生活面では箸を使って食べたり、ボタンかけやひも結びなど細やかな動きができるようになっていきます。「どちらにしようかな」と手の動きとリズムを協応させたり、一つ一つ数を対応させて数える場面も見られます。手指の操作は、生活や遊びを通して発達するので、自分で試してみる体験を大切にしたいですね。

表4−1　0〜5歳の身体発達（※この表は目安です。発達には個人差があります）

クラス	月齢・年齢	身体の発達	手指の操作
0・1歳児	0〜2ヶ月	・新生児反射が活発 ・新生児模倣が見られる ・人の顔をよく見つめる ・動くものを目で追う（追視） ・毛布などをけとばす	・手を強く握っていることが多い ・触れたものを強く握る（把握反射）
	2〜4ヶ月	・音がすると動きがとまる ・あやすとよく笑う	・指しゃぶりをする ・ガラガラなどを少しの間握っている
	4〜6ヶ月	・自分の足をつかんで口に持っていくことがある ・首が座り、自由に左右を見る ・腹ばいにすると顔を起こす ・寝返りをする ・声をかけられるとそちらを振り向く	・自分の手を見つめる（ハンドリガード）3、4ヶ月〜 ・興味のあるものへ手を伸ばす（リーチング） ・両手の指をからみ合わせる ・持ったものを口に入れたり、振ったりする
	6ヶ月〜1歳3ヶ月	・おすわりができるようになる ・はいはいで移動する ・「バイバイ」などの動作を真似するようになる ・つかまり立ちと伝い歩きをする ・転んでも手が前に出る（パラシュート反射） ・ひとり歩きが始まる ・段差で立ち止まる ・しゃがむことができる ・いすによじ上り、床におりる	・手を伸ばして物をとり、持ったものを離す ・ものを持ちかえることができる ・ティッシュなどを次々と出す ・紙を丸めたり破ったりする ・ものをくり返し落とす ・物をつまむ ・ふすまなどの軽い戸をあける ・箱や瓶のふたをあけたりしめたりする ・絵本などのページをめくる
	1歳3ヶ月〜2歳	・歩くのが上手になる ・すべり台の上から自分で座って滑る ・下からボールを投げる ・机、いすなどの下にもぐったり、箱に入って遊ぶ ・リズムに合わせて手足や身体を動かす ・かなりよく走るようになる	・親指と人差し指で小さなものをつまんで別の入れ物へ入れる ・ぐるぐるとなぐり描きをする ・積み木の上にもう1個の積み木を重ねる ・スプーンを使って食べる ・コップを持って飲む ・ボタンはずしなどが必要ない服なら自分で脱げる ・友だちと手をつなぐ ・みかんの皮などをむいて食べる
2歳児	2歳〜3歳	・両足でジャンプをする ・ひとりで階段を上る ・「せーの」などのかけ声に合わせて動く ・ボールを投げる ・段差を上る、低いところをくぐる、不安定な場所を歩きたがる ・すべり台に自分で上り、すべる ・追いかけっこをする	・積み木を8個くらい重ねたり、横に並べる ・直線を見て真似て描く ・粘土、シール貼り、紙を折る ・衣類の着脱が上手になる
3歳児	3歳〜4歳	・片足で跳ぶ ・三輪車に乗ってこぐ ・ぶら下がる ・手を使わずに階段を上る ・音楽やリズムに合わせて身体の動きを調整する	・箸を使って食べる ・丸や人の顔のような輪郭を描く ・「頭足人」を描く ・はさみを使い始める ・利き手がはっきりしてくる ・砂場で砂山やトンネルを作り、積み木で建物を作る ・のりをつけて貼る
4歳児	4歳〜5歳	・階段を2〜3段飛び降りる ・片足でけんけんをしてとぶ ・すべり台を下から上ったり頭から滑ったりして楽しむ ・スキップをする	・丸や四角の模写をする ・胴体のある人物を描く ・ボタンかけが少しずつできるようになる ・リズムや歌と手の動きを合わせる（お寺のおしょうさんなど） ・じゃんけんで勝ち負けを決める ・はさみで簡単な形を切りぬく
5歳児	5歳〜6歳	・縄跳びをする ・カーブを回りながら走る ・自転車をこぐ ・鉄棒で前回りをする	・ドアの取っ手を回しながら開け閉めができる ・手首を軸に手のひらを左右に回す（お星様きらきらのような動き） ・ピアノなどの楽器を演奏する ・文字を書く ・あやとり、折り紙などお手本を見て形を作りかえる ・はさみ、のりなどを使った工作をする ・経験したことを絵に描く

出典：津守真・稲毛教子『乳幼児精神発達質問紙』（大日本図書　1961年・1967年）、汐見稔幸他『はじめて出会う育児の百科』（小学館　2003年）を参考に筆者作成

3. 運動機能の発達と個人差

　身体の動きや手指の操作の発達には個人差があり、身体と手先が同じように発達していくとは限りません。子どもひとり一人の好みや性格傾向もあります。チャレンジ精神が旺盛で高いところにどんどん上る子もいれば、慎重な子もいます。折り紙など手指を使う遊びに集中する子もいれば、飽きてしまう子もいます。

　発達の支援を必要とする子の中には、これらの発達がゆっくりである場合や、粗大運動と微細運動のどちらかが極端に苦手という場合もあります。療育によって運動機能の発達が促進される例もあるので、専門機関との連携も視野に入れてかかわりの工夫を考えましょう。

　保育の計画を立てる際に、発達の特性に応じた内容であることは大切ですが、個人差にも配慮しましょう。たとえば紙を切る道具をはさみに限定せず、手でちぎっても良いのではないでしょうか。さまざまなものに触れて、得意な方法で自由に表現できる機会が保障されることが大切です。

ふりかえりメモ：

  演習課題

Q 手指の操作の発達をふまえて、「あじさい」をテーマとした制作活動で用いる表現方法が、1歳から5歳でどのように変化するか考えてみましょう。

ホップ　1歳、2歳、3歳、4歳、5歳とそれぞれの発達段階における表現方法について自分なりに考えたことを箇条書きで書いてみよう。

....

....

....

ステップ　書いたものをもとに周囲の人と話し合ってみよう。

....

....

....

ジャンプ　0歳児の表現方法にはどのようなものがあるかを考えてみよう。

....

....

....

●発展的な学びにつなげる文献
・ダニエル・スターン（亀井よし子訳）『もし、赤ちゃんが日記を書いたら』草思社 1992年
　生後6週間から4歳ごろまでの子どもがみる世界を、日記でたどっていく。合間に筆者による解説があり、子どもからみえる世界が垣間みえて興味深い。
・開一夫『日曜ピアジェ　赤ちゃん学のすすめ』岩波書店　2006年
　生後すぐから2歳までの乳幼児を対象とした認知発達の過程をみる代表的な実験を、家庭でも行えるようにわかりやすく解説されている。

【引用文献】
1）Fantz,R.L.,*Theorigins of form perception.Scientific American*,2014,1961,pp66-72

【参考文献】
東洋・大山正・託摩武俊・藤永保編『心理学の基礎知識』有斐閣　1970年

厚生労働省「保育所保育指針」フレーベル館　2017年

汐見稔幸・榊原洋一・中川信子『0〜6歳 はじめて出会う育児の百科』小学館　2003年

下條信輔『まなざしの誕生 - 赤ちゃん学革命』新曜社　1988年

高橋陽編『保育・看護・福祉プリマーズ⑧　小児保健』ミネルヴァ書房　2000年

津守真・稲垣教子『乳幼児精神発達質問紙1〜12ヶ月まで』大日本図書　1961年

津守真・稲垣教子『乳幼児精神発達質問紙1〜3才まで』大日本図書　1961年

津守真・稲垣教子『乳幼児精神発達質問紙3〜7才まで』大日本図書　1965年

無藤隆・高橋惠子・田島信元編『発達心理学入門I　乳児・幼児・児童』東京大学出版
　会　1990年

第5章

認知の発達

SEKAINO CHUSHINHA WATASHIYO!

エクササイズ　　自由にイメージしてみてください

　心理学には「自己中心性」という言葉があります。いわゆるジコチューとは違います。では、どういうことをさすと思いますか？

この章のまとめ！ 学びのロードマップ

- ●第1節
  「認知」とは何かを説明します。

- ●第2節
  認知研究の第一人者であるピアジェの研究成果について説明します。

- ●第3節
  相手の気持ちを理解する「心の理論」について説明します。

- ●第4節
  学習について説明します。そもそも学習とは何のことでしょうか。

この章の なるほど キーワード

■**ピアジェ**…スイスの発達心理学者であるピアジェ（Piaget, J.）。わが子を綿密に観察しながら、子どもの認知能力の発達を解き明かそうとしました。今日の認知の研究はピアジェによってその土台が築かれたのです。

ピアジェは自分の子どもをとことん観察してたくさんの記録を残しました。

第1節　認知とは

　「認知」とは知ることであり、認識とも呼びます。私たちが何かを知るためには、たとえば、まず目で見たり耳で聞いたりして「知覚」を働かせる必要があります。また、物事について理解を深めるために「知識」や「記憶」を用いて「思考」を働かせることも必要になります。そこには新しい発見や行動の変化をもたらすような「学習」といった活動も関わってくるでしょう。認知とは、これらの心の働きを含んだものをさします。認知の発達とは、子どもが世界についてさまざまなことを知るための知覚、記憶、思考、学習といった力の発達のことをさします。

第2節　ピアジェの発達理論

1. ピアジェの認知発達段階

　スイスの発達心理学者であるピアジェ（Piaget, J.）は、子どもの認知能力の発達を大きく4つの段階に分けて考えました。4つの段階とは、「感覚運動期」（誕生～2歳）、「前操作期」（2歳～6・7歳）、「具体的操作期」（6・7歳～11・12歳）、「形式的操作期」（11・12歳～）です（表5－1）。

表5－1　ピアジェの発達段階

感覚運動期 （誕生～2歳）	感覚と運動機能を使って周りの環境について知ります。
前操作期 （2歳～6・7歳）	頭のなかの表象を使って周囲の世界を認識する力を発達させていきます。
具体的操作期 （6・7歳～11・12歳）	「保存」の概念を獲得し、具体物を使えば論理的に物を考えることが可能になっていきます。
形式的操作期 （11・12歳～）	抽象的な思考ができるようになります。具体物がなくても、論理的に物を考えることが可能になっていきます。

出典：筆者作成

2. 感覚運動期

　ピアジェは誕生から2歳までの時期を「感覚運動期」と呼びました。この時期は感覚と運動機能を使って周りの環境について知っていきます。誕生後すぐに、母乳やミルクを飲んだり、手に触れたものを握ったりして、自分を取り巻く世界と関わり始めます。視覚や聴覚などの感覚を働かせ、また、反射によって世界と関わることを繰り返しながら、赤ちゃんは徐々に世界に関

する理解を深めていきます。

　生後8か月頃になると「対象の永続性[*1]」の概念を獲得するようになります[1]。私たち大人は、目の前にあるボールが何かで隠されたとしても、ボールそのものがこの世界から消えてなくなったとは考えません。ですが、8か月より前の赤ちゃんは、この理解が十分ではなく、物が隠れて見えなくなると消えてなくなったと思っているかのような反応を示します。その後、8か月頃までに赤ちゃんは物は見えなくなっても消えてなくならないと理解するようになります。

 エピソード (1) 「なくなっちゃったよ」と「見つけて楽しいね」

> 　お気に入りのボールで夢中で遊んでいたAくんですが、保育者がおもしろがってハンカチでそのボールを隠してしまうと、夢中だった視線がふっと途切れ、それ以上探そうとしなくなります。まるで、物は見えなくなれば、その場から消えてしまうのだと思っているかのようです。
>
> 　一方、生後8か月になったばかりのSちゃんは、保育者が人形をカップのなかに隠す遊びをすると、おもしろがってカップをどけて人形を見つけ出そうとします。人形を発見すると笑顔になり、また保育者にカップを差し出します。もっと隠す遊びをして欲しいと言っているかのようです。

３．前操作期

　2歳～6・7歳の時期をピアジェは「前操作期」と呼びました。この時期、子どもは頭のなかの表象[*2]を使って周囲の世界を認識する力を発達させていきます。この時期の子どもの認知の特徴は3つあります。

（1）象徴機能の出現

　1つ目として「象徴機能[*3]」の出現があげられます。たとえば、ビーズのネックレスをスパゲッティに見立て、フライパン型のおもちゃに入れて振ってお料理ごっこなどを楽しむようになりますが、これも目の前のもの（ビーズのネックレス）を別のもの（スパゲッティ）を表すものとして扱うことができるようになったことを表しています。

（2）見た目で判断する

　2つ目の特徴として、徐々に論理的思考が芽生え始めるものの、まだ直観的に考え、物事を見た目で判断することが多いことがあげられます。この時期の子どもは「保存*4」の概念を獲得していません。したがって、「保存課題」で間違うことが多くなります。たとえば、保存課題（図5－1）の1つである「量の保存課題」では、2つの全く同じ形・大きさのコップに同じ量だけジュースを入れ、それを子どもに見てもらった後で、片方のコップのジュースを別の形の異なるコップに移し替えます。大人は、ジュースが別のコップに移されたとしても、こぼれたり誰かが飲んだりしない限り量は変わらないと考えます。ですが、前操作期の子どもは見た目に惑わされやすいため、「（液面が）高いから、こっちのジュースの方が多い」「コップが太いから、こっちのジュースの方が多い」といった理由で、ジュースの量が2つのコップで異なると考えるのです。

＊4
知覚的な特徴（見た目）が変化しても、量や重さなどの本質的な特徴は変化しないということ。

①液量の保存

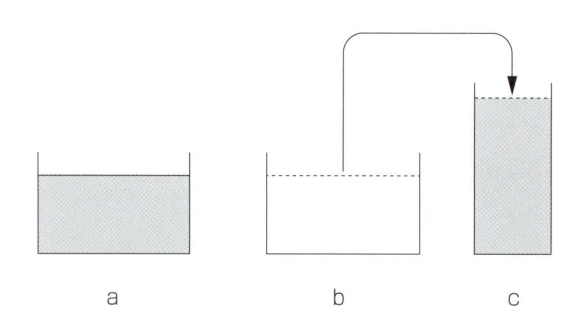

a　　　　　b　　　　　c

　同じ容器（aとb）に同じ量のジュースが入っているのを確認した後、幼児の目の前でbの容器からcの容器に移し替える。その後、子どもにaとcのジュースの量を比較させると、知覚的な変化に左右されて2つの量は同じであると答えることのできる幼児は少ない。

②数の保存

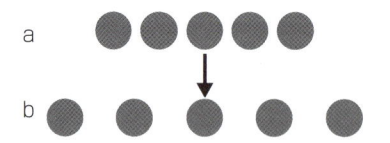

a

b

　aの状態のおはじきを子どもの目の前でbのように広げ、aとbを比較させると、幼児は知覚的な変化に左右されてaよりもbの方がおはじきが多い（増えた）と答える。

図5－1　保存課題の例

出典：無藤隆・中坪史典・西山修 編『発達心理学』ミネルヴァ書房　2010年　p.53

（3）自己中心性

　この時期の子どもたちの３つ目の特徴として、「自己中心性*5」をあげることができます。ピアジェはこの特徴について、「三つ山課題」と呼ばれる課題を用いて研究しています（図５−２）[2]。この課題では、３つの山の模型を子どもに見せ、子どもが立っている位置とは別のところに人形を置きます。そして、その人形からどのような風景が見えるかを判断するよう子どもに求めます。すると、子どもは自分の見えと他者の見えを区別できず、自分から見た風景を人形も見ていると考えることが多くなります。ピアジェはこのような子どもの他者も自分と同じものを見ていると考える考え方のことを「自己中心性」と呼びました。

　６・７歳を過ぎ、具体的操作期に移行すると、子どもたちは「保存」の概念を獲得し、具体物を使えば論理的に物を考えることが可能になっていきます。また、「脱中心化」が起き、他者の視点から物事をとらえることが可能になっていきます。

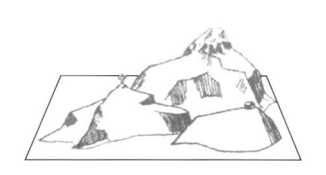

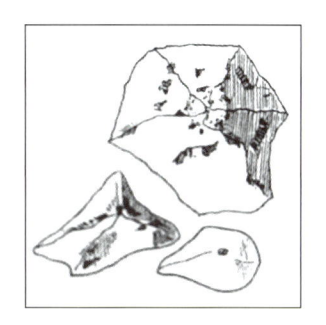

図５−２　三つ山課題

出典：Piaget & Inhelder, 1948

＊5
自分以外の視点に立って考えることが困難であるという特徴。子どもが利己的で自分勝手であるという意味ではありません。

 エピソード (2)　5歳児「私にとっての右はあなたにとっても右？」

　お友達とMちゃんは向かい合って遊んでいます。Mちゃんが友達と手遊びをしようとして「右の手を出して」と言ったので、友達は右手を差し出しますが、Mちゃんは「ちがう、ちがう」と言って友達の左手を引っ張りました。二人共よくわからないといった不思議そうな表情をしています。向かい合っているとお互いに左右が逆になるので、実はMちゃんにとっての右の方の手は、友達にとっては左手になるのですが、Mちゃんも友達も相手からの視点に立つことが難しく、そのことがまだわかりません。

4. シェマ、同化と調節　−どのように認知能力の発達が起きるのか−

　ピアジェは、認知能力の発達が起きるためには「シェマ*6」の「同化*7」および「調節*8」が必要だと考えました[3]。たとえば、ある子どもが「海を泳ぐ生き物は魚だ」という知識（シェマ）をもっているとします。その子どもが、サメが海中を泳ぐ姿を見たとき、「サメも魚の仲間だ」と判断するで

＊6
シェマ（scheme）は世界を理解するための行為や認知の枠組みのこと（Piaget, 1952／中垣, 2007）。

＊7
同化（assimilation）は枠組みに合わせて環境から情報を取り入れること（Piaget, 1952／中垣, 2007）。

＊8
調節（accommodate）は枠組みと環境からの情報にギャップが生じる時、環境に合わせて自分の枠組みの方を修正していくこと（Piaget, 1952／中垣, 2007）。

しょう（同化）。一方で、クジラを見たときも、おそらく最初は「クジラは魚の仲間だ」と判断するはずです。しかし、実は魚ではなく哺乳類であるということがわかれば、最初もっていた「海を泳ぐ生き物は魚だ」という知識を修正し、「海を泳ぐ生き物には魚もいるし哺乳類もいる」と変化させることになります（調節）[4]。

　このような同化と調節の繰り返しで認知能力の水準が上がっていくと考えられます。子どもが、自分の知識では簡単に対応できないような場面に遭遇したり、それまで行っていた方法ではうまく取り組めないような活動に挑戦したりする経験が、認知能力の発達につながるのだと考えられます。

第3節　心の理論

1. 心の理論の獲得

相手の気持ちがわかるってこういうこと？

　子どもたちはさまざまな人と関わるなかで「心の理論」を発達させていきます。心の理論とは、他者の意図・知識・信念などの心的状態の理解のことを指します。友達がどのようなつもりでいるのか、何を知っているのか、また、どのように思っているのか、といったことについての理解です。周囲の人々や友達と人間関係を構築し深めていくためには、他者の心の状態を理解していくことが重要になります。

　ヴィマーとパーナー（Wimmer & Perner 1983）[5]は、子どもがいつ頃から他者の心的状態を理解するようになるのかを調べました。その結果、3歳では他者の心の状態を理解しないが、4歳頃から徐々に理解するようになっていき、6歳以上になると理解できるようになることがわかっています。たとえば、「サリーとアンの課題」と呼ばれる誤信念課題（図5－3）では、サリーがカゴにビー玉を入れますが、サリーが外に散歩に出た間にアンが箱に移し替えてしまいます。この課題を子どもに見せ、「サリーは外から帰ってきて最初にどこを探すと思う？」と尋ねると、3歳児では「箱のなか」と答えますが、6歳以上になると「カゴのなかだよ、だってサリーは箱に移し替えられたことを知らないから」とサリーの心の状態を適切に推測して答えられるようになっていきます。

2. 心の理論の獲得に伴ういざこざの変化

　子どもが他者の心の状態を理解できるかどうかで、いざこざ[*9]の起き方が変わってきます。3歳児は相手の気持ちを考慮するということはまだ難しいため、したがって、いざこざ場面でのやりとりも「したい」「いやだ」といったお互いの気持ちを主張し続けるだけの平行線となることが多くなります。一方、5歳児頃になると他者の心の状態を理解することが可能になっていきますので、相手の立場に立ち、相手の気持ちを考えながらやり取りすることができ、自力でいざこざを解決できるようになっていきます。

＊9
いざこざ…子どもたちの間でお互いの意志の食い違いの結果生じるもめごとのこと（『保育用語辞典』）。

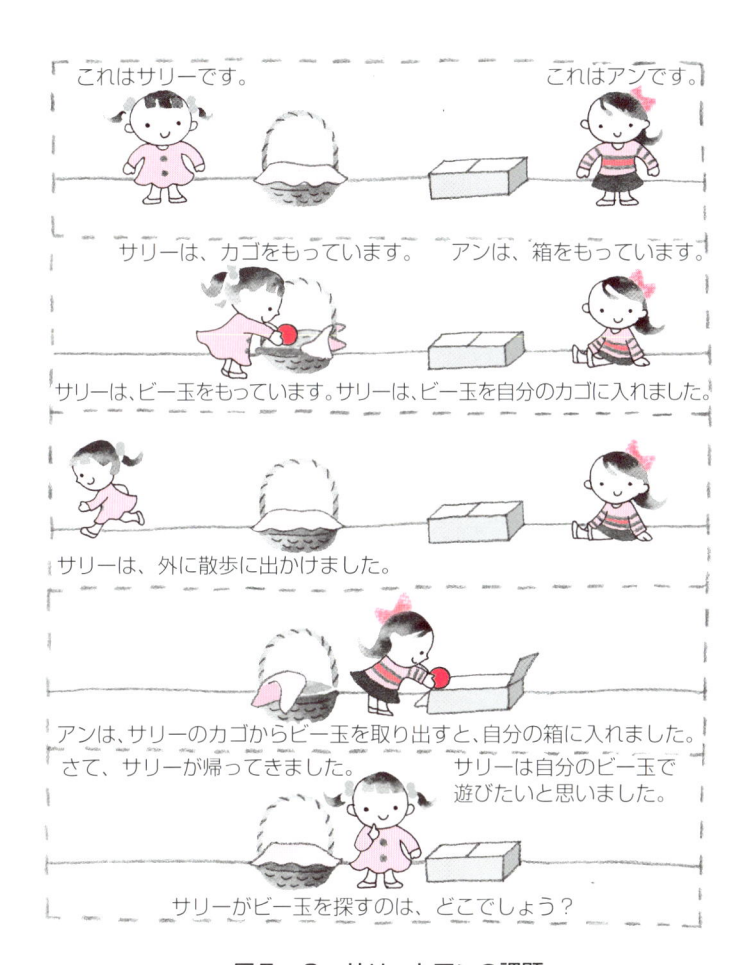

これはサリーです。　　　これはアンです。

サリーは、カゴをもっています。　アンは、箱をもっています。

サリーは、ビー玉をもっています。サリーは、ビー玉を自分のカゴに入れました。

サリーは、外に散歩に出かけました。

アンは、サリーのカゴからビー玉を取り出すと、自分の箱に入れました。
さて、サリーが帰ってきました。　　サリーは自分のビー玉で遊びたいと思いました。

サリーがビー玉を探すのは、どこでしょう？

図5-3　サリーとアンの課題

出典：ウタ・フリス（冨田真紀・清水康夫・鈴木玲子訳）『自閉症の謎を解き明かす』東京書籍　2006年

ふりかえりメモ：
....

第4節　学習理論

1. 学習とは何か

　「学習」と聞くと学校での勉強を思い出すかもしれませんが、子どもは日常生活のなかで周囲の環境に刺激を見出し、興味・関心をもって、そこに自ら働きかけていくことでさまざまな学習をしています。心理学の分野では、学習とは「経験や練習による比較的永続的な行動の変容」と広く定義しています[6]。つまり、練習を積んだり、さまざまな経験をしたりすることで、知識や行動が身についていくことを指します。たとえば、トイレット・トレーニングをしていくことによってトイレで排泄できるようになったり、友達とのけんかを通じて相手の気持ちに気づけるようになったり、自然環境のなかで昆虫や植物に触れる経験をするうちに生物の生態を深く理解していったりすることも学習の1つです。

　心理学においてはさまざまな学習理論が考えられ研究されてきています。ここでは、学習理論の代表的なものを取り上げ、紹介します。

2. 古典的条件づけ

　「古典的条件づけ」とは、すでにもっていた行動を新しい刺激が引き起こすようになる学習です。生理学者パブロフ（Pavlov,I.P.）は、まず、空腹な犬に対して餌を与えました。犬は餌を目の前にして反射として唾液を出しますが、実験では餌を与えるのと同時にベルの音も聞かせました（図5-4）。餌を与えるのと同時にベルの音を聞かせるということを何度も続けていくと、最終的には、ベルの音を聞かせただけで（餌を与えなくても）犬は唾液を出

イヌの唾液を体外に出して測定できる装置を使って、パブロフは条件づけの実験を行った。ベルの音を聞かせた後に餌をやることをくり返す。

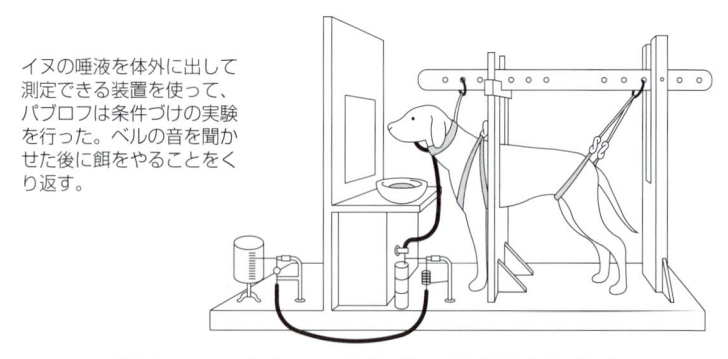

図5-4　パブロフの条件づけ（古典的条件づけ）

出典：青木紀久代・神宮英夫編著『カラー版 徹底図解　心理学』新星出版社　2008年　p.137

すようになりました。このように、ベルの音と唾液を出すという本来なら関係がない事柄が、「餌を与えられるのと同時にベルの音を聞く」という経験を繰り返しするうちに結びつき、「ベルの音を聞くだけで唾液が出る」という行為になって学習されたのです。すでにもっていた唾液を出すという行動を、新たにベルの音が引き出すようになったのだ[10]と言えるでしょう。

＊10
一般的に「パブロフの犬」と呼ばれる有名な実験です。この研究結果をもとにさまざまな応用がされています。

３．オペラント条件づけ

（１）スキナー箱による実験

スキナー（Skinner, B. F.）は「オペラント条件づけ（道具的条件づけ）」と呼ばれる学習理論を提唱しました。これは、行動が自発的に行われた後、それを補強するできごとが起きることで、その行動をひんぱんにとるようになる学習です。

スキナーは「スキナー箱」（図5-5）と呼ばれるオリジナルの実験装置を用い、このことを確認しました。スキナー箱はレバーを押すと餌が出てくるしくみになっています。この箱に入れられたネズミは、なかをうろうろするうちに偶然レバーに触れます。すると餌が出てくるのです。この経験を繰り返しするうちに、ネズミは餌を得るために自分からレバーを押すようになります。レバーに触れるという行動をした後に餌を得るという経験をすることで、レバーを押すという行動を自分からひんぱんにとるようになったというわけです。

スキナー（1904-1990）は独自の実験箱を作り（スキナー箱と呼ばれる）、レバーを押せば餌皿に餌が出るようにした。空腹のネズミは、たまたまレバーを触ったときに餌が出ることを知り、これを学習する。

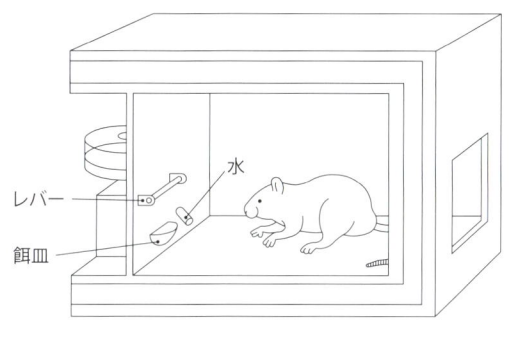

図5-5　スキナーの条件づけ（オペラント条件づけ）

出典：青木紀久代・神宮英夫編著『カラー版 徹底図解　心理学』新星出版社　2008年　p.137

（2）「ほめる」と「しかる」もオペラント条件づけ

　オペラント条件づけは動物だけでなく、人間にも当てはまる学習理論です。たとえば、子どもがたまたま図鑑を見ていたので親がほめると、その後、子どもがますます図鑑を見るようになるというのもオペラント条件づけになります。ほめるということが「報酬」になって行動の変化を促すのです。

　報酬の反対に「罰」を与えることで、ある行動を減少させるというのもオペラント条件づけの１つのパターンになります。たとえば、保育室でほかの子どもに対して乱暴に蹴ったりたたいたりを繰り返す子どもに対して、保育者が注意をすることで、その子どもがそのような行動をやめるということもオペラント条件づけです。

☞ **注目コラム** | **罰は効果がある？**

　「先生の気を引きたい」と子どもが願っていた場合には、厳しい注意を与えたことがむしろ報酬として働いてしまい、罰として効果をもたないこともあります。また、保育者が罰を与えることが子どもとの信頼関係を損ねたり、「悪いことをしたら罰を与えてもいいのだ」ということを示す好ましくないモデルとして働いたりすることもあります。こうしたことから、罰を与えることは避けるべきだと考えた方が良いでしょう[4]。

（3）オペラント条件づけから生まれた「スモール・ステップ」

　スキナーはオペラント条件づけの知見やさまざまな学習理論を生かして、授業運営に関する学習方法も考案しています。その１つが「スモール・ステップ」です。これは、ほとんど正解できるほど小刻みに学習内容が分割されていて、少しずつ成功経験を積めるので学習意欲も高まるという方法です。

　たとえば、長期にわたり登園をしぶっている子どもに対して急に朝からクラスの友達と保育室で遊ぶように促すのは難しいことですが、最初は日曜日に園の門までお母さんと来てみることから始めて、次に、園庭に入って遊んでみることに挑戦し、そこまでできたら、また別の日に誰もいない保育室でいすに座ってみるようにしてみる、といったように小さくステップを刻んでいくのです。少しずつ登園に向けて経験を重ねていくようにすることによって、目標の達成と子どものやる気の継続につなげていくことが可能になります。スモール・ステップの方法は子どもの学習を促そうとするときの重要な考え方の１つになります（大人の私たちにもとても有効です）。

4. 観察学習

子どもは親や保育者の行っていることを見て、それを「モデル」として観察し、理解し、同じような行動を行おうとします。バンデューラ（Bandura, A.）は、他者の行動を観察することによって成立する学習のことを「観察学習」と呼びました。

観察学習は良いことだけでなく悪いことの学習においても効果を示します。たとえば、バンデューラたちは、人形をたたく攻撃行動を見た子どもたちは、同じような人形を与えられると、攻撃行動が多くなることを見出しています。子どもは周囲の大人や仲間の行動をよく観察しています。保育者も実習生も子どものそばにいる大人として観察学習の対象となることに注意し、良い効果をもたらすモデルになれるようにしていく必要があります。

5. 教師期待効果（ピグマリオン効果）

子どもと大人の関わりのなかで、大人の子どもに対する期待が子どもの行動に影響を与えることは実際によく起きます。特定の子どもに何らかの期待を持って接すると、実際にその子どもが期待に沿う方向へ変わっていくことを、「教師期待効果（ピグマリオン効果）」と呼びます。

ローゼンタールとヤコブソン（Rosenthal & Jacobson 1968）[7]は、教師の期待が子どもの学習にどのような影響を与えるのかを調べました。小学1～5年生の担任教師を対象に、まず、能力が伸びる子どもを見出すテストを行ったと偽りの情報を与え、実際の能力とは関係なしに担当クラスの子どもについての"偽の成績表"を渡しました。すると、半年後、教師が「伸びる」と信じ込まされた子どもたちの成績が実際に伸び、知的好奇心も高まったのです。

なぜこのような効果が生じたのでしょうか。教師は成績の高い子どもには賞賛することが多く、より多くの微笑みやうなずきを返しますが、成績の低い子どもには、成績をほめなかったり、授業中指名しなかったりすることが多くあることがわかっています。さらに、教師は自分自身の態度の違いに無自覚なことが多いのです。このような教師の期待にもとづく態度の違いが、子どもの学習に影響を与えたのではないかと考えられます。

教師期待効果はプラスにもマイナスにも働きます。「先生」と呼ばれる立場に立つ人間は、できる・できないといった視点に立って子どもたちを見るのではなく、どのような子どもでも良い面を探し、すべての子どもは伸びる可能性があるのだと信じることが重要です。

きみならできる!!

6. 発達の最近接領域

　発達の過程において子どもが人的環境・物的環境から受ける影響は計り知れません。ヴィゴツキー（Vygotsky, L. S.）は、特に文化や社会の影響を重視し、他者からの働きかけの重要性に注目しました。

　ヴィゴツキーは、子どもの現在の「発達の一歩先をゆく教育」が大切だと述べました。子どもの現在の発達水準と、他者からの援助や協同によって可能になる水準を分け、2つの水準のズレを「発達の最近接領域」と呼びました。この水準のズレに対して他者（保育者、親、有能な仲間、少し年長の子ども等）が働きかけることで、子どもの水準を引き上げることが可能になります。

　たとえば次のエピソードでは、保育者の「誰がもつの？」といった声かけや、仲間からの「はかり」「体重測定すればいい」といった提案があることで、子どもたちの思考が深まっていくのがわかります。

エピソード (3)　「石の量を測る」（5歳児）

>
>
> 　この日は、畑の整備のために石を拾っていました。子どもたちはバケツに入った石の量を比べたいのですが、バケツの形が違い、また、数も違っています。
>
> 　保育者「どうやって比べたらいい？」
> 　子どもたち「数を数える！」「多すぎてダメだよ」
> 　E男「2つずつ持ってみて重い方」
> 　保育者「誰が持つの？」
> 　E男「ぼくぼく！」（と持ち上げてみて、「こっち、こっち！」と言います）
> 　保育者「ほんと？こっちの方が重いと思うけど」（と別の方を指します）
> 　L子「バケツから出して山にする」
>
> 　それぞれバケツから出して石の山を作り、比べてみました。「これ、土があるからずるい」「これは大きいのばかりある。数が多い方が勝ちだよ！」「高さを測ればいい」などの声があがりますが、どれも採用されません。
>
> 　保育者「他にいい方法ない？」
> 　N男「はかり」
> 　子どもたち「だめだよ、小さすぎる」「大きいはかり作ればいいじゃん」「作れないよ」
> 　L男「体重測定すればいい」（と言い、体重計を借りてきて、はかることになりました）
>
> 　バケツに戻して測ったところ、大きな石が入っているグループが一番でしたが、異論を唱える子どもはなく、全員が納得した様子でした。
> 出典：埼玉大学教育学部附属幼稚園[8]

7. 動機づけ

　動機づけとは、意欲ややる気のことであり、ある行動を引き起こし、その行動を持続させ、結果として一定の方向に導くことをさします。保育者の関わりが子どものやる気を高めることにもなりますし、反対に、やる気を損なってしまうこともあります。動機づけは大きく「内発的動機づけ」と「外発的動機づけ」に分けることができます。

①内発的動機づけ

　内発的動機づけ[11]とは、活動自体の楽しさがもたらす意欲のことであり、子どもは報酬を与えられるわけでもないのに自分から行動を起こすことになります。たとえば、純粋に楽しいから遊ぶ、おもしろそうだから見る・聞く、好奇心から深く考える等が内発的動機づけによって引き起こされる行動になります。

＊11
外からの報酬とは無関係に、その行動自体に興味・関心があり、行動が自律的に維持されている状態のこと（藤田, 2007）。

②外発的動機づけ

　外発的動機づけ[12]とは、具体的な報酬がもたらす意欲のことです。たとえば、お母さんにほめられるからひらがなの勉強をがんばる、勝てばおもちゃを買ってもらう約束だからかけっこの練習をする、お金がもらえるから働く、などが外発的動機づけによる行動になります。

＊12
外からの報酬を得るため（あるいは罰を避けるため）に行動が起きている状態のこと（藤田, 2007）

　外発的動機づけに支えられた行動は、報酬がなくなれば価値を失い、止まってしまうことがあります。ごほうびを与えることで子どものやる気が出るのは一時的なものと言えるかもしれません。内発的動機づけによる行動こそが、いわゆる「やる気」に満ちた行動ということになります。自分からやってみたいと思うような内発的動機づけをいかに高めていくかが重要になってきます。

　ただし、外発的動機づけによって行動をとっていたけれども、いつの間にか内発的動機づけに変化するということも起こります。たとえば、お母さんがほめてくれるからという理由で図鑑を見るようにしていた子どもが、繰り返し見ているうちに内容そのものがおもしろくなり、自分から興味をもって積極的に図鑑を選んで見るようになるということもあるでしょう。私たち大人でも、周りの人にほめられたくてがんばって勉強しているうちに、いつの間にか勉強自体が楽しくなり、もっと勉強したくなってくるということもあります。内発的動機づけにつながるように、保育者が上手に外発的動機づけを活用してくことが大切になるでしょう。

 ⋯⋯⋯⋯⋯⋯⋯⋯⋯⋯⋯⋯⋯⋯⋯ **演習課題**

Q さまざまな学習理論の考え方を2歳児のトイレット・トレーニングにあてはめて、スムーズにトレーニングを進めていくための方法をいくつか考えてみましょう。

ホップ あなたの考える方法を箇条書きで書きだしてみましょう。

⋯⋯⋯⋯⋯⋯⋯⋯⋯⋯⋯⋯⋯⋯⋯⋯⋯⋯⋯⋯⋯⋯⋯⋯⋯⋯⋯⋯⋯⋯⋯⋯

⋯⋯⋯⋯⋯⋯⋯⋯⋯⋯⋯⋯⋯⋯⋯⋯⋯⋯⋯⋯⋯⋯⋯⋯⋯⋯⋯⋯⋯⋯⋯⋯

⋯⋯⋯⋯⋯⋯⋯⋯⋯⋯⋯⋯⋯⋯⋯⋯⋯⋯⋯⋯⋯⋯⋯⋯⋯⋯⋯⋯⋯⋯⋯⋯

ステップ 書いたものをもとに、周りの人と意見交換をしてみましょう。

⋯⋯⋯⋯⋯⋯⋯⋯⋯⋯⋯⋯⋯⋯⋯⋯⋯⋯⋯⋯⋯⋯⋯⋯⋯⋯⋯⋯⋯⋯⋯⋯

⋯⋯⋯⋯⋯⋯⋯⋯⋯⋯⋯⋯⋯⋯⋯⋯⋯⋯⋯⋯⋯⋯⋯⋯⋯⋯⋯⋯⋯⋯⋯⋯

⋯⋯⋯⋯⋯⋯⋯⋯⋯⋯⋯⋯⋯⋯⋯⋯⋯⋯⋯⋯⋯⋯⋯⋯⋯⋯⋯⋯⋯⋯⋯⋯

ジャンプ みんなの話を参考にしながら、トイレット・トレーニングを進めていくための方法を文章で自分なりにまとめてみましょう。

⋯⋯⋯⋯⋯⋯⋯⋯⋯⋯⋯⋯⋯⋯⋯⋯⋯⋯⋯⋯⋯⋯⋯⋯⋯⋯⋯⋯⋯⋯⋯⋯

⋯⋯⋯⋯⋯⋯⋯⋯⋯⋯⋯⋯⋯⋯⋯⋯⋯⋯⋯⋯⋯⋯⋯⋯⋯⋯⋯⋯⋯⋯⋯⋯

⋯⋯⋯⋯⋯⋯⋯⋯⋯⋯⋯⋯⋯⋯⋯⋯⋯⋯⋯⋯⋯⋯⋯⋯⋯⋯⋯⋯⋯⋯⋯⋯

●発展的な学びにつなげる文献

・佐伯胖『「わかる」ということの意味 新版』岩波書店　1995年
　　本当に理解する、学ぶ、とはどのようなことかなのかについて、子どもの思考の筋道にそって考えていきます。
・市川伸一『学ぶ意欲の心理学』PHP研究所　2001年
　　やる気が出るメカニズムについて、対談も含めた平易な文章でわかりやすく解説してくれます。

【引用文献】

1）Piaget, L. *The construction of reality in the child.* New York: Basic Books. 1954.

2）Piaget, J. & Inhelder, B. *La representation de le' space chez l' enfant.* Presses Universiaires de France, Paris. 1948.

3）Piaget, J. Piaget's theory. P. H. Mussen (Ed.). *Carmichael's manual of child psychology (3rd ed.):* Vol. 1. New York: John Wiley & Sons. 1970./ 中垣啓訳『ピアジェに学ぶ認知発達の科学』北大路書房　2007 年

4）藤田哲也編『絶対役立つ教育心理学：実践の理論、理論を実践』ミネルヴァ書房　2007 年

5）Wimmer, H. & Perner, J. "Beliefs about beliefs: Representation and constraining function of wrong beliefs in young children's understanding of deception" *Cognition,* 13, 1983, pp.103-128.

6）堂野左俊・田頭穂積・福田廣・熊谷信順・吉田一誠編『心理学から見た教育の世界』北大路書房　1994 年

7）Rosenthal, R. & Jacobson, L. *Teachers' expectancies : Determinants of pupils' IQ gains. Psychological Reports,* 19, 1966, pp.115-118.

8）埼玉大学教育学部附属幼稚園「保育内容の再考 – 領域「環境」のねらいを視点として –」『埼玉大学教育学部附属幼稚園研究紀要』2006 年

【参考文献】

小田豊監、丹羽さがの編『保育の心理学Ⅰ』光生館　2012 年

ロジャー・R・ホック（梶川達也・花村珠美訳）『心理学を変えた40の研究』ピアソンエデュケーション　2007 年

柴田義松『ヴィゴツキー入門』子どもの未来社　2006 年

杉村伸一郎・坂田陽子編『実験で学ぶ発達心理学』ナカニシヤ出版　2004 年

第6章
言葉の発達とコミュニケーション

エクササイズ　　自由にイメージしてみてください

　あなたが生まれて初めてしゃべった言葉は何だったか知っていますか？また、どうしてその言葉を話したと思いますか？

この章のまとめ！

学びのロードマップ

● 第1節
人は言葉をどのように獲得していくのでしょうか？本章で扱う言葉の発達のポイントを説明します。

● 第2節
そもそも言葉とは何かを説明します。そして、誕生から9か月ごろまでの獲得の様子を説明します。

● 第3節
1歳から会話の基礎を獲得する5〜6歳までの言葉の発達を説明します。

● 第4節
エピソードを通して、言葉が生活場面でどのような役割を果たしているのかを説明します。

この章の なるほど キーワード

■**三項関係**…生後9か月ごろになると、赤ちゃんはおもちゃをつかんでお母さんにさし出して見せたりするようになります。こうした「自分」と「もの」と「人」という三項関係が成立することで、コミュニケーションは広がり、言葉も発達していきます。

相手が何を見ているかを感じとり、"相手と一緒に同じものを見ている"という感覚が、言葉の獲得の土台となっているのです。

第1節　はじめに

「言葉」は私たちの生活において欠かせないものです。でも、努力をして言葉を覚えたという記憶はあまりありません。子どもは言葉をどのように獲得していくのでしょうか。

本章ではまず、言葉を理解し話せるようになっていく過程について学びます。言葉とは人との関わりを通して育まれるため、言葉を話す前の段階では、養育者が子どもの気持ちを読み取りながらあやしたり応答したりすることが重要です。そして、言葉を話し始める時期には、子どもの表現したい内容をくみ取って伝え合うことが言葉の発達を促します。このように、コミュニケーションの発達という視点から言葉の獲得過程をとらえていきます。

次に、言葉の機能について考えてみましょう。言葉は伝達のための重要な道具ですが、ものごとを考えたり行動を調整したりするなどの手段としても機能しています。そこで、保育場面での子どもの発話に着目して、言葉の役割について理解していきます。

第2節　言葉の準備段階

1. 言葉とは

私たちは当たり前のように「言葉」を使っています。言葉にはどういう役割があり、どうして言葉を話せるようになったのかについて、普段は気にすることはありません。しかし、もし言葉がなかったら私たちはどのように生活をするのでしょうか？そこでまず、言葉とは何かについて考えてみましょう。

（1）言葉はコミュニケーションの大切な道具

共有する、すなわち分かちあうことがコミュニケーションのルーツです。

コミュニケーション（communication）の語源はラテン語の communis（共通の、共有の）であり、知識・意思・感情などを他者と伝え合うという意味です。そして、このコミュニケーションは大別すると、言葉を使用する言語的コミュニケーション（verbal communication）と、言葉以外を手がかりにする非言語的コミュニケーション（nonverbal communication）からなります。相手の表情・視線・体の動きなどの非言語的コミュニケーションから発信される情報も大切ですが、より正確に気持ちを伝え合うには言葉でのやり

取りが必要とされます。したがって、「言葉」はコミュニケーションの大切な手段となっているのです。ほかにも「言葉」は、ものごとを認識したり、記憶・学習・思考などの活動には欠かせません。また、「○○しよう」と計画を立てるなど、行動を方向づけたり維持したりして人を主体的な行動へ向かわせる調整機能をもっています。このように言葉にはさまざまな役割がありますが、最初に人は周囲との相互作用を通して、コミュニケーションの道具としての「言葉」を獲得していくといわれています。

（2）言葉の獲得

　一方、人は特別な訓練を受けなくても言葉を獲得していきます。それはなぜなのでしょう。このような言語獲得を説明する理論として、周囲から言葉を聞いて模倣していくという「模倣説」、言葉の発達の基礎にある認知発達を重視する「認知説」、文法の基本的部分が遺伝的に規定されていてそれにより獲得すると考える「生得説」などがあり、どの説が正しいという結論は出ていません。いずれにせよ、人は言葉を使って話すという能力をもって生まれてきますが、適切な環境や学習の機会がないとその能力は十分に開花しません。そして、言葉を獲得する過程では乳幼児と養育者との豊かな情緒的かかわりが大切であることを認識しなければなりません。

2. 前言語期のコミュニケーション

（1）誕生

　乳児は養育者との関係をつくり上げていくのに必要な能力をもって生まれてきます。それは、おなかがすいたときやオムツが汚れたときの不快感を泣きで示したり、養育者の声を聞き分けるなどです。そして、養育者が乳児の気持ちを泣きや表情や動作から読み取って応答すると、乳児も養育者を信頼し、関わりたいという欲求を強めます。このときに大切なのは、乳児の気持ちを正確に読み取ることよりも、読み取ろうとする気持ちをもってあやしたり抱っこをしたりすることでしょう。そして、このようなやり取りを通してコミュニケーションは育まれていきます。

（2）生後2か月ごろ

　生後2か月ごろになると、産声のような叫び声（叫喚発声[*1]）や泣きのほかに、のどの奥で「クー」となるような音声が加わります。これはクーイングと呼ばれ、機嫌の良いときに聞かれます。養育者がそれに対して視線を合わせて話しかけると、乳児は養育者の口元を見つめその動きに引きずら

*1
発声というよりも呼吸に伴い生じるもので、生後間もない赤ちゃんにみられる、周期的に繰り返される自動的な運動のひとつです。

＊2
相手の口の開閉や表情などを見つめた後に同じ動作をする原初的模倣です。これには相手に共感するなどの意図は伴いませんが、新生児が視覚的な情報と運動感覚を協応させて相手に反応できるという、社会的な能力を備えていることを示しています。

＊3
相手の視線を追って相手が注意を向けている対象に自分も注意を向けることです。それは、単に同じものを見ているだけではなく、お互いに相手が何を見ているのかを知っていることが条件に入ります。

＊4
トマセロ（1950 −）はアメリカ出身の認知心理学者。人間と遺伝的一致率の高い類人猿との比較を通して、人間に固有の能力に関する研究をしてきました。言語獲得においては社会的側面の果たす役割が大きいと考え、人とのやりとりを支える社会的基礎を以下の3段階に分類しました。
・第1段階（乳児期前半）：大人が子どもの発声や行動に自分の行動を合わせて調節する。
・第2段階（生後8、9か月〜12か月）：ものを介して大人と子どもが交流する三項関係を中心にする。
・第3段階（生後12か月〜）：言語によるコミュニケーションが行われる。

れるように口を動かす共鳴動作（きょうめいどうさ）（co-action）＊2がみられることもあります。このようなときに、養育者はふだんよりも高くて抑揚のある声を用いることが多く、この話しかけ方は「マザリーズ」と呼ばれます。マザリーズは使用言語が異なっても世界中で共通して聞かれ、このような乳児がのりやすい話し方の工夫が言葉の発達を促すと考えられています。

（3）4か月ごろ

4か月を過ぎると声遊びの時期ともいわれ、さまざまな音声を出せるようになります。まず、「アーアー」のような母音の繰り返しが始まりますが、「子音＋母音」の構造がまだ不明瞭なので、過渡期の喃語（なんご）といわれます。6か月ごろになると「ダダダ」「ババババ」のように複数の音節をもち、「子音＋母音」の構造をもつ基準喃語が現れます。喃語は反復するという特徴をもつので反復喃語とも呼ばれます。その後「バブ」のように「子音＋母音要素が異なる母音」が反復して使用されるようになります。喃語は月齢が進むにつれてさかんになり複雑になっていくので、養育者は子どもが話しはじめたように感じます。そして、養育者が乳児の発する音声やしぐさを喜んで受け止め、伝達的な意味を読み取り言葉にして返すという関わりが、言葉を育てることにつながるのです（図6−1）。

図6−1　気持ちの共有

（4）9か月ごろ

9か月ごろになると、声を出して養育者を呼んだり自分の要求を訴えたりするようになります。それは、これまでの養育者とのやり取りを基礎にして、養育者がどのように関わってくれるかを予測できるようになるからです。この時期に大切なのは、三項関係のやり取りが成立することです。つまり、それまでの「おもちゃに注意を向ける」「乳児と養育者が微笑み合う」といった「自分ともの」「自分と相手」の二者だけの関わり（二項関係）から、「自分とものと人」との関係を認識した三項関係に変化します。それにより、自分のもっているものを養育者にさし出してみせたり、養育者の視線を追いかけて養育者が見ているものと同じものを見たりすることができるようになるのです。この互いの注意を重ね合わせる共同注意（joint attention）＊3が言葉の獲得には重要で、トマセロ（Tomasello, M.）＊4は、生後9か月以降にこのような認識の変化が起こると考えました。

たとえば、道を歩いているときに犬が散歩をしていたとします。それを母

親がみて「ワンワンね」と指をさし示すと子どもも犬に視線を向けるといったやり取りです。そして、この関係が成立することにより、子どもの方からも指をさして自分が注目したものを相手に伝えようとしたり、ほしいものを相手に要求することができるようになります（図6-2）。また、これらの動作に合わせて出てくる「アッアッ」などの発声は、言葉の前兆と考えることができます。このように、まだ言葉にこ

図6-2　三項関係の成立

そなりませんが養育者との意思の疎通がはかられるようになり、このやり取りを土台にして言葉はその上に乗るようにして現れてくるのです。

　その後、基準喃語にみられた同一音節の反復は崩壊して、まるでおしゃべりをしているように聞こえるジャーゴン（jargoning）[*5]が目立ってきます。そして、大人の発声のまねをする音声模倣が始まり、聞いた言葉の一部または全部を繰り返し発声しようとします。また、この時期には養育者から自分の発声を模倣されることも好むようになります。喃語が音の出し方の練習であるとすれば、音声模倣は音の並べ方の練習であり、このプロセスを経て乳幼児は意味のある言葉を発するようになるのです。

*5
音節の組み合わせはでたらめで意味はわかりませんが、発声の抑揚や強弱は母国語によく似ています。

第3節　話し言葉の発達

1. 初めての言葉

（1）1歳前後に現れる初語

　ある音声が一定の意味をもって発せられたとき、それは最初の言葉「初語」とみなされます。たとえば、「マンマ」という音声が喃語でもなく、食べ物を表した意味のある音であれば初語と認められます。初語が発せられる時期には個人差がありますが、おおよそ1歳前後といわれます。この時期には一人で立ち、歩けるようになり行動範囲が広がります。それに伴って言語活動も活発になり、見たものや触れたものに興味をもちながら言葉を豊かにしていくと考えられます。

　初語は「ママ」（＝母親）などの子どもの身近にいる人やものの名前であることが多いです。また、「ワンワン」（＝犬）のように動物の声をまねして

言語にした擬声語で対象物を表現したり、「クック」（＝靴）や「ブーブ」（＝車）のような幼児語で発することもあります。そして、「ブーブ」という1つの言葉に「車をみつけた」「車を取って」など、さまざまな内容を表現して文の機能を担わせるので、一語文とも呼ばれます。このときに、子どもが表現した内容を大人が読み取って文章にして返すことで、子どもはどう表現したらよいのかを学んでいきます。そのほか、ものが回っている状態を「クルクル」と表現する（擬態語）など、養育者とさまざまな言葉を使いながらコミュニケーションを豊かにしていくのです。

　また、言葉を獲得し始めたころは、「ワンワン」を犬だけではなく猫やほかの四つ足動物に用いたり、自分の家で飼っている犬にしか「ワンワン」と言わないことがあります[6]。しかし、子どもは徐々に正しく認識して弁別できるようになり、やがて自分の家で飼っている犬も絵本に描かれた犬も、「犬」という言葉を聞けば犬を心のなかに描いて考えられるようになるなど、言葉のもつ概念を獲得していきます。

＊6
ある言葉を実際の対象より広い範囲で使うことを「拡張」、より狭い範囲で使うことを「縮小」といいます。言葉を獲得し始めた幼児はどこまでその語を広げて使ってよいのかがわからないことによるものと考えられます。

（2）言葉の発達の個人差

　先述したように、言葉の発達には個人差があります。言葉を発するということは単に唇を開閉することではありません。構音といって口からのどの声帯にかけての器官を使って言語的な音を出すことです。そのためには、唇や舌の動きや位置、呼気と吸気のタイミングなどの複雑な調整が必要とされ、子どもにとっては難しい活動です。1歳の誕生日を過ぎても言葉が出ないと親は心配しますが、言葉を言わないからといって言語のない生活をしているわけではありません。大切なことは、「○○もってきて」などの簡単な言葉の指示を子どもが理解し、養育者が子どもとの気持ちのつながりを感じられるかという点です。したがって、このような理解言語が獲得されていれば、表出される言葉が遅れていてもあまり心配することはないといわれます。あせって言葉を教え込むような対応をするのではなく、言葉を使った働きかけをしながら子どもと楽しいコミュニケーションを積み重ねていくことを心がけましょう。

2. 二語文から多語文へ

（1）1歳後半ごろ

　1歳後半になると、「ママどこ？」「ワンワンいた」のように2つの言葉をつなげた表現ができるようになります。これを二語文といいます。助詞の抜けた電文体ですが、動詞や形容詞を用いることで表現内容は一語文よりもず

っと広がります。そして、このころになると、子どもは「これ？」「なあに？」と自分から聞きたがるようになります。これは、ものには名前があることを理解して、それを知りたいという気持ちが芽生えることによるもので、この時期を第一質問期といいます。このように、子どもは大人と言葉を使ったやり取りを楽しみながら積極的に言葉を取り込んでいくのです。

　その一方で、まだ言葉で十分に自分の気持ちを伝えられないために、思い通りにならないとかんしゃくを起こしたり、ものを投げたりするなどの行動で表すこともあります。そのようなとき、養育者は対応に困り、また周囲の目も気になるために、子どもに注意や禁止をせざるを得ないことが多くなります。しかし、まずは「悔しかったね」「○○がほしかったのね」と、その行為の背後にある気持ちに添った言葉かけをするのが大切でしょう。それにより、子どもは受け止めてもらったという満足感をもちながら、自分の気持ちを言葉で表現し、まとめていくことを学ぶのです。

（2）2～3歳ごろ

　2歳を過ぎると文中の単語数はさらに増えていきます。また2歳後半になると、ものごとの因果関係や対象との関係に気づき始め、それを知りたいという気持ちをもつために、「どうして？」「だれの？」といった質問をするようになります。その後、3歳ごろには助詞を用いた多語文となり、より文章らしい表現ができるようになります。この1歳半ごろから2～3歳にかけては一生の間で最もたくさんの言葉を身につける時期です。子どもの語彙獲得は初語が出てからしばらくの間はゆっくり進みますが、50語を獲得したあたりから1日に8～10語ともいわれるような速さで語彙が増え始めるので、これを語彙爆発と呼びます。

（3）3～4歳ごろ

　3～4歳ごろになると文法が急速に発達して、接続詞を用いて「だからね」「それでね」と、複数の文を組み合わせてまとまりのある内容を表現する力がついてきます。このようにして、子どもは日常生活に必要な文法や語彙を獲得しながらコミュニケーション能力を高め、5～6歳ごろには会話表現の基礎をほぼ獲得します。その後の児童期では、大勢の前で自分の意見を述べたり、相手によっては丁寧な言葉を使うなど、状況に応じた話し方の工夫が必要とされます。そこでは、幼児期までに獲得した言葉の基礎を土台に、その場に適した言語コミュニケーション能力を洗練させていくのです。

ᗷ. 言葉の発達過程で生じる問題

　話し言葉を獲得する過程では、さまざまな混乱や困難を伴うことも覚えておきましょう。たとえば、言葉が出始めたころには、「りんご」の語尾「ご」だけを言ったり、「テレビ」が「テビレ」、「バナナ」が「ババナ」など音が入れ替わったり乱れることがあります（図6－3）。そのほか、「おさるさん」が「おたるたん」になるタ行化や「ひとつ（1つ）」が「ひとちゅ」になるチャ行化、「ギュウニュウ」を「ニュウニュウ」のように、発音しやすい音を重ねることもあります。これらは多くの場合、成長に伴い正しく発音できるようになっていきます。

図6－3　音の乱れ

　また、言葉の発達が急激に進む2～3歳ごろには、話そうとすると発声と呼吸の調整が乱れてなめらかに話せないことがあります。これを吃音といい、たとえば、「ぼく」と言いたいのが「ぼ、ぼ、ぼ、ぼく」と最初の音を繰り返すなどです。吃音には、言いたいことが次々に浮かんでうまく整理できない、話そうとすると緊張してしまう、などさまざまな理由が考えられますが、たいていは成長に伴う一過性のものといわれています。子どもがうまく話せないと親はとても心配になりますが、周りが気にすると子どもはますます緊張してしまったり、話したがらなくなってしまいます。そのため、子どもの話し方よりも話そうとしている内容に耳を傾けてゆったりと受け入れ、子どもが安心できる環境をつくることが大切です。

　ただし、構音器官や聴覚などの問題から言葉の発達が遅れたり、発達障害や脳神経系の疾患により言葉の問題が出てくることもあります。これらの心配がある場合には、専門機関に相談して指導を受けるようにします。

第4節　言葉のもつ機能

　子どもが言葉を理解して話せるようになるまでの過程をこれまでにみてきました。本節では、実際の生活場面で言葉がどのような役割を担っているのかについて考えてみましょう。

1. 伝え合う

　子どもは、まず最初にコミュニケーションの道具としての言葉を獲得していきます。そして、3歳を過ぎて文章が話せるようになると、自分の考えや気持ちなど伝えたい内容を言葉で表現することができるようになります。次に3歳児のA君と保育者の対話を例にあげます。

エピソード (1)　「こわしたんだー」

　3歳児クラスのAくんとBくんは、大型積み木を使ってすべり台をつくり、その上をすべって遊んでいます。あるとき、すべろうとするAくんをBくんが後ろから押したので、その勢いですべり台は壊れてしまいました。Aくんは自分を押したBくんがすべり台を壊したと腹を立て、たたき合いのけんかになってしまいます。そこで、保育者が間に入って話し合いが始まりました。

　Aくん：（泣いてBくんをたたきながら）「Bくんがこわしたんだー」

　保育者：（Aくんを制止しながら）「たたくのはやめようね。そうか、Bくんがこわしちゃったの。そうなのかな、Bくん？」（Bくんは下を向いて泣きながら、首を横に振る）

　保育者：「Bくんはやってないみたいよ」

　Aくん：「Bくんがそこでまってて、ズーッとおしたの。それでこうやったらグルグルっていっちゃった。Bくんがバーンってやってこわしたんだー」

　保育者：「そうか、そうしたらバーンってこわれちゃったんだ。重かったんじゃないかな、きっと。自然にこわれちゃったのかもしれないねぇ」

　A君は、保育者に自分の気持ちを必死に伝えようとしています。子どもはこのように、生活や遊びのなかでさまざまな経験を重ねながら、言葉で伝え合う力を伸ばしていくのです（写真6-1）。

　そのほか、社会性の発達に伴い、泣いている子どもに「どうしたの？」と心配そうに聞くなど、相手の気持ちを察した言葉かけもできるようになっていきます。こうした相手への思いやりは、表情や態度から示されることもありますが、言葉によっても伝えられるようになるのです。

写真6-1　ないしょのお話

2. 知る・考える

　言葉を覚え始めたころには「なーに？」、語彙の増加と理解の深まりに伴い「どうして？」と、子どもはしきりに質問をします。このように、知りたいと思う気持ちは「言葉」によって表現され、相手が返す「言葉」を通して認識していきます。

　ヴィゴツキー（Vygotsky, L. S.）[7]は、他者とのコミュニケーションの道具として獲得した言葉はある時期に分化して、思考のための道具として内在化されると考えました。そして、コミュニケーションで使う言葉は音声を伴うことから「外言」と呼び、思考の手段で用いる言葉はたいていが音声を伴わないことから「内言」と呼びました。「外言」から「内言」への分化は5〜6歳ごろに生じますが、幼児の「ひとりごと」はこの過渡期に「思考のための言葉」として現れると考えました。やがて内言の発達により、子どもは心のなかで言葉を使って考えることができるようになっていきます。4歳児のC子ちゃんの例から考えてみましょう。

 エピソード (2) 　「ここがでっぱってるから」

> 　4歳児の子どもたちが段ボールでつくったそりに乗って、園庭の山をすべって遊んでいます。C子ちゃんもすべろうとしますが、ほかの子のようにうまくすべれずに、ひとりで考えている場面での発話です。
>
> 　「あれー、うまくいかない」
>
> 　（そこで、段ボールのそりをみながら）「ここがでっぱってるから」
>
> 　（段ボールでつくったそりの端を平らにのばして、もう一度上からすべってみると今度はうまくすべることができた）「やったー、ぜんしーん（前進）！」

　C子ちゃんの発話は自分自身に向けられており、言葉を使って考えているのです。「あれー、うまくいかない」と言いながら『どうしたらうまくいくのか』を考え、その理由として「ここがでっぱってるから」と考えたのでしょう。そして、うまくすべれると「やったー、ぜんしーん」と成功を確認しながらうれしい気持ちを表現しています。このように、子どもは言葉を使ってものごとを考えるようになり、思考を通して成長していきます。

＊7
ヴィゴツキー（1896-1934）は旧ソビエトの心理学者。人との会話などを通して発する言葉を「外言」、自分の頭のなかで考えるときの言葉を「内言」としました。発達とともに内言が豊かになり、考えを自分のなかだけでとどめたり、頭のなかでいろいろなことを考えられるようになると考えました。また、個人の発達には文化・社会的要因の影響が大きいと考え、第5章（p.84）で学ぶ「発達の最近接領域」についても、個人の発達を促す社会の役割としてとらえることができます。

③. 行動や気持ちを調整する

　私たちは「よいしょ」のかけ声とともに重い荷物をもち上げることがあります。子どもたちも、「よーいどん」で走り出したり、「いちにのさん」で力を合わせるなどの行動を起こします。このように、言葉は行動を方向づける行動調整機能をもちます。次に4歳児のD君の例をあげます。

✒ エピソード (3)　「ならばなくちゃ」

　4歳児のDくんは、友だちと3人で線路をつくって、その上に電車を走らせて遊んでいます。電車は順番で走らせることになっているらしく、Dくんは走らせ終わると、「ここにならばなくちゃだめだ」と、ひとりごとを言いながら急いで後ろに走って戻りました。

　D君の「ここにならばなくちゃだめだ」という発話は、「並ぶ」という次の行動を自分に示しているものです。ここでのひとりごとも、「外言」が内在化する過程で表出されたもので、思考を統制して行動を方向づける役割をもっています。このほか、言葉には感情を表現することで気持ちを調整する機能もあります。4歳児のE君の例から考えてみましょう。

✒ エピソード (4)　「うまくいってよかったね」

　4歳児のEくんは、Fくんと2人で大きな積み木を使って基地をつくっています。途中で、Eくんは思うように積み木が積みあがらないうえに、うまくできていた部分も崩れてしまいました。そこで、Fくんと一緒にいろいろと工夫をしてみますが、うまくいきません。そして、とうとうEくんは「だからいやなんだよ～」と言って泣き出してしまいました。
　…その後、保育者と一緒につくり直し、思い通りの基地が完成します。基地での遊びが楽しく展開するなか、Eくんは「うまくいってよかったね」とFくんに何度も声をかけていました。

　E君は、「だからいやなんだよ～」と苛立つ感情ややるせなさを言語化することで、何とか自分の気持ちを調整していました。そして、思いがかなって満足すると、「うまくいってよかったね」とF君に言うことで、E君が体験している楽しさや喜びをF君にも確認しながら、自身の満たされた気持ちを表現したのでしょう。

4. 想像する・楽しむ

　言葉を使った生活が始まると、対象が目の前になくても言葉を聞いて心のなかに思い描くことができるようになります。「ままごと」や「電車ごっこ」などのごっこ遊びでは、実際の生活でみたり体験していることを心のなかで想像し、本物ではない別のものに見立てて遊びに取り入れていきます。「ままごと」でお母さん役や赤ちゃん役を決めて流れのある遊びを創造できるのも、言葉を使ってイメージをふくらませ、それを楽しめるようになるからです。また、言葉を聞いて想像する力がつくと絵本も楽しめるようになります。絵本を通して子どもはものごとを知り、考え、自分と重ね合わせるなどのさまざまな体験をしますが、読み聞かせの基本にあるのは子どもの心がほっとできる楽しい時間であることでしょう。そこでは、読み手である養育者の言葉の響きが心地よく子どもの心に流れ込んでいき、その言葉を聞きながら話の内容を想像して楽しむのです。

　また、2～3歳のころになると、子どもは文字の存在に気づき関心をもち始めます。そして、自分で文字を読んでいるかのように絵本を読むまねをしたり、名前や手紙など、それらしいものを書いてみたがります。このように、あたかも読み書きができるようにふるまうさまざまな活動をプレリテラシーといいます。子どもは普段使っている言葉が文字化されていることに興味を抱き、それを遊びに取り入れ楽しみながら読み書きを習得していくのです。そして、「話す・聞く」の「話し言葉」から「書く・読む」の「書き言葉」へと進みます。そのほか、「なぞなぞ」や「しりとり」なども言葉を使った楽しい遊びであり、子どもはこれらの遊びを通して言葉を豊かにしていきます（写真6-2）。

写真6-2　お気に入りの絵本

レッツトライ ・・・・・・・・・・・・・・・・・・・・・・・・・ 演習課題

Q 「言葉遊び」を通して、言葉の発達について考えてみましょう。

ホップ　あなたが幼児期に楽しんだ「言葉遊び」には、どのようなものがありましたか。書き出してみましょう。

ステップ　他の学生はどのような「言葉遊び」を楽しんでいたのでしょう、また、こうした遊びは言葉の発達とどう関係しているのでしょうか。話し合ってみましょう。

ジャンプ　話し合った内容を参考に、言葉の発達を促す「言葉遊び」の役割について、文章にまとめてみましょう。

● 発展的な学びにつなげる文献
・神田英雄『0歳から3歳：保育・子育てと発達研究をむすぶ（乳児編）』全国保育団体連絡会　1997年
・神田英雄『3歳から6歳：保育・子育てと発達研究をむすぶ（幼児編）』ちいさいなかま社　2004年
　保育におけるさまざまなエピソードを交えながら、子どもの姿を発達論からとらえ、わかりやすく解説しています。自己や認識、人とのかかわりなどの発達に伴い、子どもは言葉をどう使っていくのかについて理解を深めることができます。

【参考文献】
秦野悦子編『ことばの発達入門』大修館書店　2001年
繁多進編『乳幼児発達心理学』福村出版　1999年
長山篤子『絵本からの贈りもの』日本キリスト教団出版局　2001年

大越和孝・加古明子・田中東亜子・松本和美『ことばが生まれことばが育つ』宣協社　1999 年

Chris Moore & Philip J. Dunham 編（大神英裕監訳）『ジョイント・アテンション　心の起源とその発達を探る』ナカニシヤ出版　1999 年

内田照彦・増田公男編『要説　発達・学習・教育臨床の心理学』北大路書房　2000 年

ヴィゴツキー（柴田義松訳）『新訳版　思考と言語』新読書社　2001 年

コラム ココロのイロイロ②

幼児期の読み書きと教育

　子どもは文字を大人に教えられて書くと多くの人は考えます。また、文字が早く読めれば文章の理解（読解）も早いと考えます。しかし、研究の結果はその考えを支持していません。

　まず、子どもは教えられなくても自然に文字を覚えることが知られています。自分の名前やよく見る文字から覚え、文字らしいものとそうでないものを区別していきます。これは「萌芽的読み書き能力（emergent literacy）」として日常的に文字を使う社会の多くでみられる現象です[1]。次に、早く文字が読めたとしてもその影響は限定されています。高橋（2001）[2]は、幼稚園、保育所の年長児に対してかな文字の読み調査を行い、その幼児が小学生1年、3年、5年生になった時点で読解課題などを調査し、かな文字の読みの習得時期と読解力の関連を調べました。その結果、かな文字を早く読み始めた子どもの方が1年生の時点では読解の成績もよいことがわかりましたが、学年を追うごとにその影響は消えていきました。

　保育所保育指針や幼稚園教育要領のなかでは「幼児期の終わりまでに育ってほしい姿」として「数量や図形、標識や文字などへの関心・感覚」があげられ、領域「言葉」においては「幼児が日常生活の中で、文字などを使いながら思ったことや考えたことを伝える喜びや楽しさを味わい、文字に対する興味や関心を持つようにすること」とあります。幼児期には子どもたち自身が文字の読み書きをしたいと思える活動を行い、文字や言葉を楽しむ姿勢を作ることが求められるでしょう。

【引用文献】
1）Teale,W.H.&Sulzby,E. *Emergent literacy : Writing and reading.* Norwood, NJ:Ablex.1988.
2）高橋登「学童期における読解能力の発達過程 —— 1－5年生の縦断的な分析 ——」『教育心理学研究』49(1)　2001年　pp.1-10

第7章

子どもの発達と臨床的問題

みんなちがって みんないい。

子どもは それぞれ
世界に1つの心と体をもっています。

エクササイズ　　**自由にイメージしてみてください**

『光とともに…』『どんぐりの家』。これらは子どもの障害をテーマにしたマンガ作品のタイトルですが、読んだことはありますか？

この章のまとめ！

学びのロードマップ

- ●第1節
  子どもの臨床的問題への対応に必要な配慮について説明します。

- ●第2節
  障害とは何か、その考え方について説明します。

- ●第3節
  子どもの障害が明らかになる過程を説明します。

- ●第4節
  子どもの発達を理解するためのさまざまな方法を説明します。

- ●第5節
  保育のなかで出会う臨床的な問題とその支援について説明します。

この章の なるほど キーワード

■**乳幼児健康診査**…母子保健法に基づく乳幼児健康診査のうち、1歳6か月健康診査と3歳児健康診査は、それぞれ心理的発達の大きな節目にあたる時期に行われるものであり、障害の発見に重要な役割を果たしています。

健診の結果は母子健康手帳にまとめて子どもの育ちの経過がすぐわかるようにしています。

第1節　臨床的問題に必要な配慮

＊1
子どもの発達過程で起こる臨床的問題とは、さまざまな原因による継続的な心身の不調、障害、発達の遅れ、偏りを指します。ここでは特に発達早期からの継続的な支援が求められる「心身の障害」に焦点をあてて理解を深めていきます。

　発達初期における臨床的問題*1への対応は、2つの意味で特別な配慮を必要とします。まず、第一に、心身の発達が著しく、人間としてのさまざまな能力の獲得段階で起こる問題は、生涯にわたり広範な影響を及ぼす可能性が高いことです。第二に、この時期の人間は、家族をはじめとする環境からの影響を大きく受けると同時に、取り巻く環境に大きな影響を与える力ももっています。したがって子どもの臨床的な問題への支援は、目の前の子どもを対象とするにとどまらず、長期の視点に立って、家族を含めた環境に働きかけることが重要なのです。

　子どもの臨床的問題に対して、適切な診断と早期からの包括的・継続的な支援行うことは、二次的な障害の発生を防ぎ、それぞれの子どもの強みを生かした発達を支えることにつながっていきます。

第2節　心身の障害と発達支援

1. 「障害」に対する考え方

＊2
1981年の「国際障害者年」以降、2006年の「障害者の権利条約」の国連採択を経て、今日に至るまで、障害の有無にかかわらず相互に人格と個性を尊重し支え合う「共生社会」を目標としたさまざまな取り組みが世界的に進められています。

　この30年あまりの間*2に、心身の障害についての社会のとらえかたは大きく変化し、「障害者」と「健常者」を異なる存在として分けることは合理的ではないという考え方が一般的になりつつあります。図7−1はWHO（世界保健機関）が、それまで用いてきた「国際障害分類 International Classification of Impairments, Disabilities and Handicaps：ICIDH」*3に替わるものとして2001（平成13）年に採択した「国際生活機能分類 International Classification of Functioning, Disability and Health：ICF」の概念を図示したものです。私たちは、誰しもさまざまな個人の特性や健康状態、環境からの影響によって、心身機能や身体構造の障害を抱え、活動の制限や、参加の制約を受けることがあります。日常生活のなかで、何か困った問題や不都合が生じた時に、それを「個人因子」のみに帰するのではなく、「環境因子」を含めて原因をとらえ、「病気」の治療や「障害」の補償とともに、生活環境全体に働きかけて、活動の制限や参加の制約を取り除き、「生活」の質を高めていこうとするのがICFの考え方です。

＊3
WHOが1980年に示した国際障害分類（ICIDH）は、障害を個人の問題ではなく、訓練や教育の不足によって起こる能力の障害と、社会環境の不備によって起こる社会的不利に分けて考えた点で画期的でした。しかし、障害のマイナスの側面にのみ焦点をあてた考え方などへ批判の声がありました。

　子どもの心身の発達上の問題について考える時にも、支援の必要な子どもを「障害児」としてほかの子どもと異なる特別な存在としてとらえるのでは

なく、「児童発達支援*4」という枠組みのなかで、成育環境全体を視野に入れた取り組みがなされるようになってきています（厚生労働省 2014）1)。

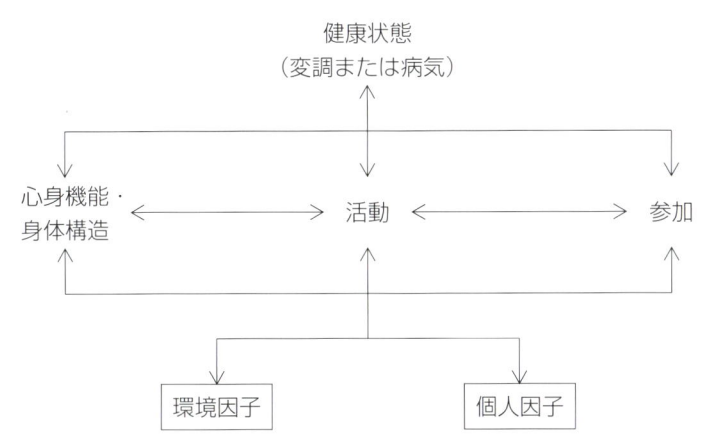

図7－1　国際生活機能分類（International Classification of Functioning：ICF）の概念図

2. さまざまな心身の障害

（1）わが国の障害の分類と DSM‐5 による障害の分類

　子どもの発達に影響を及ぼすさまざまな心身の障害のうち、主な障害の分類を図7－2に示します。これらの障害のうち、「発達障害」については、「知的障害」を含める場合と、除外する場合があります。

　2005（平成17）年に施行された発達障害者支援法*5の第2条では、「この法律において『発達障害』とは、自閉症、アスペルガー症候群*6その他の広汎性発達障害*7、学習障害、注意欠陥多動性障害その他これに類する脳機能の障害であってその症状が通常低年齢において発現するものとして政令で定めるものをいう」と記載されており、「知的障害」は含まれていません。

　他方で、主として、精神科医療の臨床現場で参考とされることが多いアメリカ精神医学会（APA）による診断基準「DSM-5*8」によると、発達障害は知的障害をはじめとして主として青年期までに発症する中枢神経系*9の原因に基づくと思われる精神機能の障害を指します。DSM-5においては「神経発達障害」という大きな分類があり、そのなかで知的障害、コミュニケーション障害，自閉症スペクトラム障害、注意欠如・多動性障害、特異的学習障害、運動障害という6つの下位分類に分けられています（図7－3）。

（2）わが国の障害の分類の特徴

　中枢神経系の原因に基づき、発達の過程で徐々に明らかになる障害とい

＊4
「児童発達支援」とは、障害のある児童への福祉サービスであり、従来障害別の通所施設で行われていた未就学の障害児への発達支援に加え、保育所等の訪問支援や、就学後の放課後デイサービス等、地域社会と連携した包括的・継続的発達支援を行うためのシステムです。

＊5
2004年公布、2005年施行。発達障害の定義のほか、早期発見と早期支援の実施のための国及び地方公共団体の責務を明記しています。それとともに、学校教育における発達障害児・者への支援、発達障害者の就労の支援、発達障害者支援センターの指定等について定められています。

＊6
①言語や認識能力の発達において明らかな遅れは見られない。②社会的・情緒的な相互関係をつくることが難しい。③特定の物ごとや同一性の保持への強いこだわりや、常同的な行動を特徴とする発達障害。

＊7
コミュニケーションと社会性に障害があり、限定的・反復的および常同的な行動があることを特徴として分類される発達障害のグループ。このグループには自閉症、アスペルガー障害のほか、レット障害、小児期崩壊性障害、特定不能の広汎性発達障害という5つの障害が含まれています。

＊8
Diagnostic and Statistical Manual of Mental Disorders.Fifth Edition,
「DSM—5」と略称されます。2013年5月アメリカ精神医学会が発表した新しい精神疾患の診断基準で「精神疾患の診断と統計マニュアル」と訳されています。

＊9
脳と脊髄をあわせたもの。

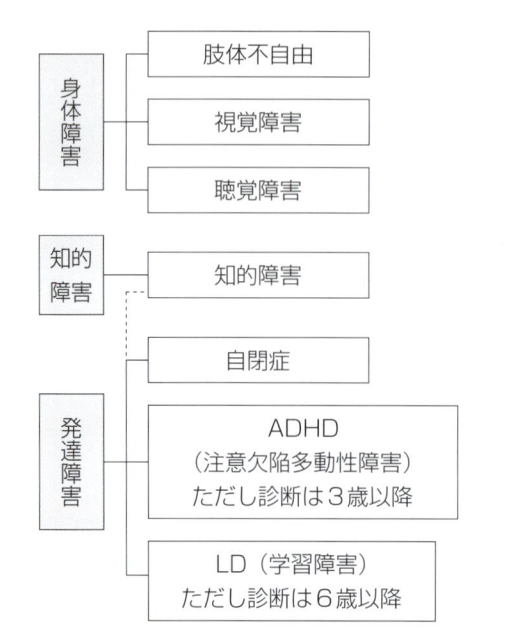

図7－2　幼児期・児童期に明らかになる、主な心身の障害の分類

出典：身体障害者福祉法、知的障害者福祉法、発達障害者支援法を参考に筆者作成

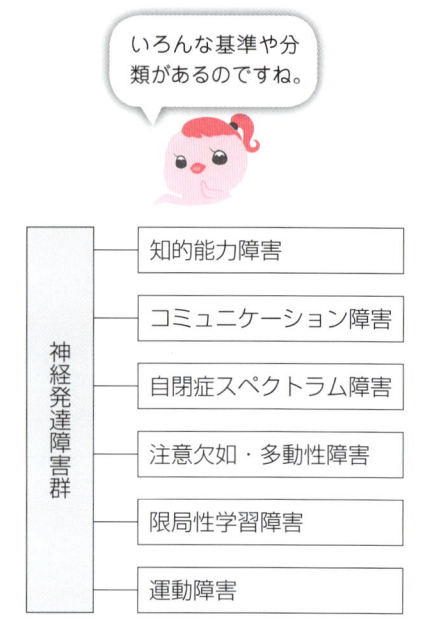

図7－3
DSM－5による障害の分類（一部）

出典：DSM－5をもとに筆者作成

う意味では「知的障害」を含む DSM-5 の概念の方が合理的にも思えますが、現代の日本で用いられる「発達障害」の概念が、知的障害というよりは、「自閉症（ASD）」や「学習障害（LD)」、「注意欠陥多動性障害（ADHD)」を中心とした概念として一般化しているのには事情があります。

　日本では、長い間心身の障害について「身体障害」あるいは「知的障害」という枠組みのなかで支援施策が考えられてきました。しかし、1980年代後半から、明らかに「知的障害」とは言えないけれど、社会的認知能力やコミュニケーション、注意の集中や行動調整、学習能力の一部に極端な困難があり、臨床的な支援を必要とする子どもたちがいることがわかってきて、これらの子どもたちの症状に診断がつけられるようになってきました。そこで、新たな支援施策を実施するためにつくられたのが「発達障害者支援法」です。このような経緯が背景にあることから、日本で一般的に「発達障害」と総称される障害は、発達の過程で明らかになる障害のなかでも、長い間支援の枠組みの外におかれてきた「高機能自閉症＊10」「学習障害」「ADHD」等を指すことが多いのです。

＊10
自閉症のなかでも知的障害が無いものを指します。

第3節　子どもの障害が明らかになる過程

1. 比較的早期に明らかになる障害

（1）出生時や出生直後

　生得的な身体障害や、ダウン症候群*11等の染色体の異常に伴う障害は多くの場合、出生と同時あるいは出生後まもなく明らかになります。

　出生直後から子どもに一見してそれとわかる障害があった場合、母親のショックと悲嘆は大きいです。「なぜ」という問いが頭を離れず、後悔の念にとらわれ、「どうして健康に産んであげられなかったのだろう」と自分を責め、家族や親戚に対して申し訳ないという気持ちをもつこともあります。

　また、不慣れな新生児の世話に加え、医療的な措置と今後の療育に関する不安や心配、周囲の視線や言葉に対する懐疑的な気持ちなど非常に複雑な精神状態に陥ります。医療スタッフからの丁寧な説明や、家族の支えが不可欠であり、場合によっては心理カウンセラーやソーシャルワーカーが関わることによって当面の育児を支援し、現実を受け止めることができるようにサポートすることが必要なのです。

＊11
ダウン症ともいいます。染色体異常によって引き起こされる症候群の1つで、第21番目の染色体が多いことが原因とされます。知的障害、小頭、低身長、特徴的顔貌が症状として現れます。

（2）出生からしばらく後

　また、出生後しばらくして何らかの障害が疑われた場合にも、不安・心配が大きく膨らみますが、出産直後のように医療スタッフや家族が常時身近で見守るという状況にはないため、子どもの発達に不安があっても医療機関の受診をためらったり、母親が一人で悩みを抱え込んだりということも起きやすいと考えられます。

　多くの自治体では、担当保健師が出産後1か月以内に、新生児のいる家庭を訪問して、母子の健康状態や発育上の相談にのり育児を支援しています。また、生後3か月、10か月といった時期に集団での健康診断を行い、母子健康手帳の配布時に医療機関での健康診査の無料受診券を添付することで、乳児の病気や障害の早期発見と早期からの適切な対応に努めています。さらに、厚生労働省は2007（平成19）年度から、「生後4か月までの全戸訪問事業」、いわゆる「こんにちは赤ちゃん事業」を各市町村単位で実施することを決めました。保健師や保育士などの専門職経験者を始め子育て経験者のなかから選ばれた訪問員が生後4か月までの乳児のいるすべての家庭を訪問し、さまざまな不安や悩みを聞き、子育て支援に関する情報提供等を行います。障害児の育児に限らず、乳児を抱える保護者が孤立することを防ぎ、母子の健全な育成環境を図るための事業ですが、子どもの健康状態や発達に不安を抱く

保護者の状況を早期に把握し、支援が必要な家庭に対する適切なサービス提供につながる機会となることが期待されています。

2. 発達の経過とともに、障害が明らかになる場合

知的障害や自閉症、発達障害で運動発達の大幅な遅れが伴わない場合には、発達の障害があることに気づくのが1歳過ぎ、場合によっては就学時健康診査[*12]で初めて発達の遅れや偏りが問題にされるということもあります。

（1）早期発見に重要な役割を果たす乳幼児健康診査

母子保健法に基づいて実施される乳幼児健康診査のうち、1歳6か月健康診査と3歳児健康診査は、それぞれ心理的発達の大きな節目にあたる時期に行われるものであり、これらの発達経過とともに明らかになる障害の発見に重要な役割を果たしています。

表7−1　主な乳幼児健診の内容

1歳6か月健康診査	・身体的な発育の状況に加えて、言葉の発達、認知能力の発達に注目しての問診や検査が実施される。 ・この時点で、意味のある単語をいくつか話せるか、絵本を見て知っている物の指さしや大人の行動の模倣がみられるか等が順調な発達の指標とされる。
3歳児健康診査	・それまでの健康診査内容に加えて、社会性や生活習慣の獲得状況に注目した問診や検査が実施される。 ・保護者への問診により排泄、食事の自立、他児への興味関心、ごっこ遊びの有無など、生活習慣や社会性の獲得状況を把握する。 ・さらに、担当者が子どもとお絵かきや、積み木、絵本で遊びながら、名前や年齢を尋ね、簡単なやり取りをしながら、言語理解力や2〜3語文の使用が可能かどうか、認知能力、巧緻性の発達の状況についてのアセスメントを行う。

出典：筆者作成

（2）入園や集団生活への参加

幼稚園や保育所、認定こども園への入園等、集団生活への参加をきっかけに、発達の障害があきらかになることも少なくありません。家庭にいる時にはそれほど問題にならなかった発達の遅れや偏りが同年齢の子どもたちのなかで顕著になる場合があります。年齢相応の生活習慣の獲得ができておらず、短時間でもじっとしていることが困難であるとか、こだわりが強く気持ちの切り替えがむずかしいといった特徴が集団生活への適応の難しさとなって現れます。経験を積んだ保育者であれば、クラスのなかでの子どもの様子を見て発達の遅れや、発達障害の特徴に気づくことは難しくありません。園のすすめで相談機関を受診し、アセスメントや診断を受けることにつながる場合

[*12]
学校保健安全法の第11条に定められたもので、小学校入学を控えた年長児たちが秋の11月末までに受診します。身体的な健康状態と合わせて、簡単な知能検査によって知的障害の有無などについても調べます。健診の結果は就学先を決める参考に用いられます。

もあります。しかし、一方で保護者に問題意識が薄いと、すすめてもなかなか受診につながらないばかりか、かえって信頼関係が損なわれたという苦い経験をもつ保育者も多いのです。

（3）小学校入学の前後

就学時健康診断で初めて発達の遅れを指摘され、大きなショックを受けたり、小学校入学後に学習不適応が顕著になって、ようやく相談機関を訪れたりという場合もあります。就学後であっても、学習不適応の原因が発達障害にあることが判明して、適切な支援を受けられれば、子どもや保護者の心理的な負担は軽減されます。しかし、時には発達障害が見過ごされたままでストレスの高い学校生活を強いられ、精神的に不安定な状態に陥り、不登校や非行といった二次的な問題につながっていくこともあります。二次的な問題の発生を防ぐためには、やはりできるだけ早期に子どもの問題を正しく把握し、保護者も含めた支援を行っていくことが必要なのです。

このような実態をふまえ、3歳児健康診査では明らかになりにくい発達障害（LD、ADHD、軽度の知的障害、アスペルガー症候群等）を発見し、早期からの対応を行うために、5歳児健康診査を取り入れる自治体が増えています。

あせらずに、長い目でみた支援が求められます。

第4節　子どもの発達理解の方法

1. 発達診断とアセスメント

（1）早期にできるだけ正確な診断を受け、適切な対処を

子どもの発達経過に困難や問題を感じた時に、その原因をあきらかにし、適切な医療的対応や働きかけの工夫を行うことで、困難が軽減され、二次的な問題の発生を防ぐことが可能になります。たとえば、乳幼児に「難聴」があった場合、早期に発見することによって、適切な時期から補聴器を装着し、視覚的な情報を多用した環境やコミュニケーション方法の工夫をすることが

ふりかえりメモ：

....

不可欠です。もし、難聴を見逃して適切な対処を怠ると、聴覚的な情報を遮断されることによって、言語獲得をはじめとするコミュニケーション能力や情緒の発達に遅れが生じ、思考の発達にも問題が起きてきます。

　したがって、心身の障害については早期にできるだけ正確な「診断」が行われ、適切な対処がとられることが望ましいのです。先述したように、日本では、地方自治体により全児童を対象に１歳６か月健康診査や３歳児健康診査が実施され、心身の発達の診断と指導が実施される体制がとられています。診断名をつけることが「障害児」というレッテルをはり、差別的な扱いにつながることを心配する人たちもいますが、健康診査制度は本来、子どもの心身の健康を守り、障害のある子どもの発達や障害のある子どもを持った親の子育てを地域全体で支えていくためのものなのです。

　しかし、発達の早期においては、明確な「診断」が難しく、何か問題がありそうですが、はっきりと診断名をつけることはできないという場合もあります。また、診断名がついてもその後の支援につながらなければ、いたずらに保護者の不安をあおり、混乱を招くだけになってしまいます。個人差が大きく、発達の可塑性に富む乳幼児期の発達診断は保護者の気持ちに細心の配慮を行いながら慎重に行われなければなりません。

（2）アセスメントを通して支援のあり方を考える

　「発達のアセスメント」は行動観察や各種検査、保護者からの情報をもとに子どもの現状を理解し、今後起こりうる経過の可能性を予測し、必要な支援を考えるためのものです。さらに、行われた支援や教育の成果を評価し、次の対応を考える過程すべてを含みます。アセスメントの結果をもとに「診断」がつくこともありますが、はっきりと診断がつかない場合でも、現在現れている発達の遅れやひずみをとらえ、つまずきを補償するために利用できる資源を探して、有効な支援の実行につなげていくことが可能になります。アセスメントの過程においては、現在子どもが示している問題や能力の限界、すなわち、何が困る、こんなことができないといった情報を集めることにとどまらず、どんな時に何ができて、どうすれば困らないか、また、環境的にはどのような改善が可能でどのような援助が期待できるのかといった肯定的情報を得ることも重要です。場合によっては、子どもが今おかれている環境のなかで「見守る」、「待つ」といった対応が大切な場合もありますが、周囲が漠然とした不安のなかで何もしないということと、子どもの現状を把握したうえで保護者の不安を受け止め、ともに発達を見守ることとの間には大きな違いがあります。

2. アセスメントと検査結果の活用

（1）心理検査を用いる

　心理検査等を用いたアセスメントは、相談・療育機関において心理師等によって行われます。また、相談・療育機関のスタッフが幼稚園や保育所と連携してアセスメントを行ったり、巡回相談の心理士が訪問して直接かかわって行動観察を含めたアセスメントを行ったりして、保育者とともに子どもや保護者への支援を実施することもあります。

　日常生活の様子や、行動観察によるアセスメントから、子どもの発達に何らかの問題があることが疑われた時に、つまずきの有無、どのような側面で問題を抱えるのかといった点を明らかにするのに使われるのが「発達検査」や「知能検査」等の心理検査です。

（2）知能検査と発達検査

　知的発達の評価にあたって一般的に用いられるのは「知能検査」ですが、乳幼児期の子どもには一般的に「発達検査」が用いられます。理由は、第一に乳幼児期の子どもの心理的側面、身体・運動的側面、社会側面の発達が未分化で、問題解決能力を中心とする「知能」のみを単独で測ることが困難であることです。第二に提示された課題の意味理解や、コミュニケーション能力、集中力が十分でない乳幼児に多くの課題解決を求めることがむずかしいことです。

　「発達検査」はこのような点を考慮して、運動、言語、認知、生活習慣などのさまざまな側面から発達をとらえられるような課題が用意され、保護者からの聴取や、観察によって得られた情報をもとに発達状態を評価できるものもあります。子どもと直接やり取りを行う場合には、十分な言語能力がなくとも理解しやすく、反応を測定しやすい課題が用意されています。

（3）検査結果について

　検査結果は「精神年齢」（発達検査においては「発達年齢」）、「知能指数（IQ）」（発達検査においては「発達指数（DQ）」）、「プロフィール」といった形で表わされます。検査結果をみるにあたって基準となるのが「生活年齢」ですが、これは検査を受けた子どもの実際の年齢です。検査の各課題は、同年齢の子どもたちの 60 〜 70％ができる課題を年齢相当の課題として設定されている場合が多く、何歳相当の課題を通過できるかによって「精神年齢」（「発達年齢」）が決定されます。「知能指数」（「発達指数」）は、「生活年齢」に対する「精神年齢」（「発達年齢」）の比（％）で表わされ、以下の式で求められます。

$$知能指数 = \frac{精神年齢}{生活年齢} \times 100 \qquad 発達指数 = \frac{発達年齢}{生活年齢} \times 100$$

　この式からわかるように、精神年齢が生活年齢と等しい場合に知能指数は100になり、精神年齢が生活年齢を下回ると知能指数は100以下になります。知能指数が80以上の数値を示している場合には、ほぼ標準的な発達水準にあると考えてよいですが、それより低い値を示す場合には何らかの原因で標準よりゆっくりとした発達経過をたどっていると考えられます。

　「プロフィール」は検査の領域ごとに発達年齢や発達指数を算出し一覧にしたもので、これによって発達のばらつきや偏りに関する情報を得ることができます（図7−4）。検査のプロフィールを見ることによって、一見しただけではわからない子どもの不可解な状態の原因がわかり、支援の糸口を発見することが可能になる場合もあります。たとえば、「複雑なジグソーパズルは完成できるのに、簡単な言語指示には従えない」というような事例のプロフィールを検討すると、運動能力や認知能力が年齢相応であるのに、言語理解、言語表出能力が大きく落ち込んでいる場合があります。このようなケースでは、指示を出すにあたって視覚的な情報を一緒に提示したり、身振りによるやり取りなども取り入れたりして、丁寧に対応していくことで少しずつコミュニケーションが取れるようになり、生活全体の適応が高まっていくということも見られます。

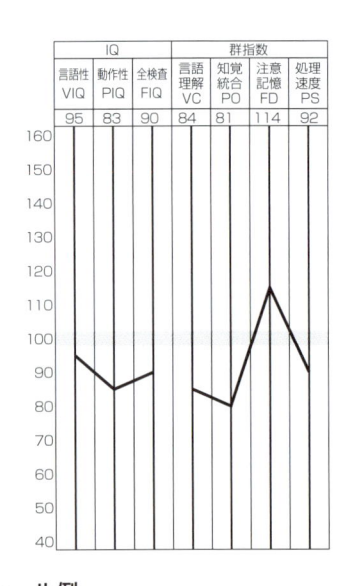

図7−4　知能検査のプロフィール例

（４）注意すべきこと

　「発達検査」や「知能検査」の結果を活用するにあたっては、乳幼児期の子どもが非常に可塑性に富んでいるということを念頭に置いて、検査結果の数値のみにとらわれることなく、行動観察や保護者との面接から得られた情報と関連づけながら目の前の子どもを理解しようとする必要があります。そのうえで、心理検査を上手に利用することによって子どもの状態を客観的に評価することが可能になり、保護者や支援にかかわるスタッフが共通の認識をもってかかわり方を工夫していくことができるようになるのです。

　保育者が直接心理検査を実施する機会はないかもしれませんが、どのような検査で何が測られ、その結果はどのような意味を持つのか、日々の子どもの姿に関連づけて理解しておくことは大切です。

　乳幼児の発達アセスメントに使われる心理検査を表7－2に示します。

表7－2　乳幼児期～学童期に用いられる発達検査と知能検査

検査名	方　　法	適用年齢	概　　要
遠城寺式乳幼児分析的発達検査法	保護者からの聴取、観察、直接検査	0月～4歳8月まで	移動運動、手の運動、基本的習慣、対人関係、発語、言語理解の6領域についてプロフィールを作成。
乳幼児精神発達診断法（津守・稲毛式）	保護者からの聴取、観察	0歳～7歳まで	運動、探索、社会、生活習慣、言語の5領域について評価。発達輪郭表を作成。
新版K式発達検査	観察、直接検査	0歳～14歳まで	運動、認知、言語の領域別に得点を算出。領域別発達指数とプロフィールを作成。
KIDS乳幼児発達スケール	保護者からの聴取、観察、直接検査	0歳1月～6歳11月	運動、操作、理解言語、表出言語、概念、対子ども社会性、対成人社会性、しつけ、食事の9領域について評価。発達年齢、指数、プロフィールを作成。
田中ビネー知能検査	直接検査	1歳～13歳	精神年齢から知能指数を算出。短時間で、おおよその知的発達のレベルをはかることが可能。
WPPSI知能検査	直接検査	3歳10月～7歳1月	10項目の下位検査評価点をもとにプロフィールを作成。動作性、言語性、全検査の3種の知能指数を算出
WISK-Ⅳ知能検査	直接検査	5歳0月～16歳11月	10項目の下位検査結果をもとにプロフィールを作成。言語理解（VCI）・知覚推理（PRI）・ワーキングメモリー（WMI）・処理速度（PSI）の各指標得点と知能指数を算出。
K-ABC心理教育アセスメントバッテリー	直接検査	2歳6月～12歳11月	継次処理尺度、同時処理尺度、認知処理過程尺度、習得度尺度の4尺度から構成され、認知処理過程と習得度を区別して評価する。

出典：筆者作成

第5節　保育のなかで出会う臨床的問題と発達支援

1. 発達の過程で明らかになる障害の特徴と対応

（1）　知的障害

　知的機能（認知、記憶、思考、学習等の力）の発達水準がその子どもの実際の年齢の標準より遅れている状態（めやすとして知能指数70以下）をさしますが、わが国では知的障害の定義を法令等では定めていません。実際に知的障害の診断がなされる際には、知能検査による診断結果に、言語能力や社会性、身辺処理能力などの生活行動面での発達についての観察結果を加えて総合的に判断されます。また、知能検査が実施できるようになる以前の乳幼児では「発達検査」から求められる「発達指数」や生育歴、行動観察の結果が用いられます。

　同じ程度の知能指数でも、さまざまな知的機能の発達状況や、コミュニケーション能力、社会適応能力によって、状態像は全く異なり、必要な支援の内容も違ったものとなります。たとえば、染色体の異常が原因となって起こるダウン症においても、自閉症の一部においても知的障害を伴うことがありますが、両者の示す状態像には隔たりがあり、必要となる支援のあり方も異なります。

　知的障害のある子どもの保育については、知能検査や発達検査から得られる総合的な数値のみでなく、さまざまな能力のばらつきの様子や、性格的な特徴、成育環境を視野に入れて、きめ細やかな支援計画をたて、根気強く取り組んでいくことが求められるのです。

（2）　自閉症

①スペクトラム（連続体）としてとらえる

　先述したDSM-5において、それまで（DSM-Ⅳまで）「広汎性発達障害」として分類されていた一連の障害に「自閉症スペクトラム障害」という用語が使われるようになりました。「スペクトラム（連続体）」という考え方は、「自閉症」の特徴が強くあらわれているために日常生活や社会適応に困難が伴い、特別な支援を必要としている状態と、自閉症圏の特徴があるけれども、特に「障害」と言えるほどの困難はなく、社会生活に適応している状態とを連続的にとらえる概念です。（図7－5）。

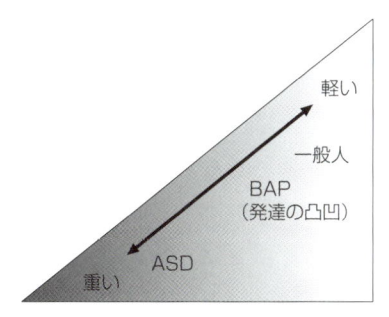

ASD：Autiutic Spectrum Disorder 　自閉症スペクトラム障害
BAP：Broad Autisum Phenotype 　　自閉症圏の特徴

図7－5　自閉症スペクトラムのイメージ

出典：森則夫・杉山登志郎・岩田泰秀編『臨床家のための DSM-5 虎の巻』
　　　日本評論社　2014 年より一部改変

②自閉症とは

　では、「自閉症」の特徴とは、どのようなものでしょうか。DSM-5 では、自閉症の特徴を次の2点からとらえ、これらの症状が発達の早期（3歳以前）から出現するとしています。

---

①社会的コミュニケーションおよび相互的関係性における持続的障害

　他者の気持ちに共感することが難しい。言語発達の遅れ、独特の言葉の使い方がみられる。表情や態度から相手の気持ちを読み取ることや、場面にふさわしい態度、会話を持続することが困難である。

②興味関心の限定および反復的なこだわり行動・常同行動

　こだわりが強く、興味を持ったものや、物の位置、順序等の同一性保持に強い執着を示す。儀式的な反復行動や、自己刺激的な常同行動がみられる。知覚過敏性（光や音の刺激に過剰な反応を示す）や知覚鈍感性（通常苦痛を感じるような刺激に無反応である）が随伴することがある。

　自閉症は、重度の知的障害を合併している人から、知能指数が通常より高い人にまで幅広くみられ、その状態像も多様です。知的障害を合併している症例では、臨床的な問題のどこまでが「知的障害」によるもので、どこからが「自閉症」によるものなのか区切ることは難しいのです。従来は、知的障害のある人が7割から8割といわれていましたが、近年、知的障害をともなわないタイプの自閉症（高機能自閉症）についての認知が広がるにつれ、実際には、知的障害を伴わない自閉症の人が多数派なのではないかという可能性が指摘されています。てんかんを発症する自閉症児・者の割合は高く（診断を受けている自閉症児者の 20％以上）、このような事実も、自閉症が脳の機能・器質障害であることの根拠となっています。

③保護者とともに根気強く支援していく

　親子の情緒的な結びつきを作ることが最も重要な幼児期において、感情の交流が難しい自閉症児の子育ては困難が伴います。あやしても笑わない、呼んでも振り向かない、視線を合わせない、自発語がない、会話が成立しないといった特徴を前に、我が子にどのようにかかわればよいのかわからないという悩みを抱える保護者も多くいます。さらに、生活リズムがなかなか整わず、こだわりや、常同行動、パニック、といった症状が強くみられると、育児の中での疲労感や無力感が大きくなっていきます。社会的なコミュニケーションの能力や、環境からの刺激の認知能力に問題があるということを踏まえ、彼らが独特な表現で伝えようとしているさまざまなシグナルを保護者とともに読み解き、彼らの生きている世界を理解したうえで、相互関係を作り、根気強く社会適応を図っていく支援が必要なのです。

（3）注意欠陥多動性障害
　　（ADHD：Attention-Deficit/Hyperactivity Disorder ）
① ADHD とは

　文部科学省は ADHD を次のように定義しています。

> 　年齢あるいは発達に不釣り合いな注意力、及び／又は衝動性、多動性を特徴とする行動の障害で、社会的な活動や学業の機能に支障をきたすものである。また、7 歳以前に現れ、その状態が継続し、中枢神経系に何らかの要因による機能不全があると推定される。

　ADHD の子どもたちは、落ち着いてじっとしていることが難しく、着席して話を聞いたり、順番を待ったりすることが非常に苦手です。また、気が散りやすく、注意深く指示を聞くことや、物事を順序だててやり遂げることも困難です。一方で、自分の興味のあることには驚くほどの集中力をみせることがあります。独歩が可能になると同時に多動性が顕著になる場合が多いのですが、ADHD の診断が確定するのは通常 3 歳以上です。

②本人の自己肯定感を大切に

　知的障害や自閉症の子どものなかにも、著しい多動性を示す子どもがみられることがありますが、その多くは精神的な発達や社会性の獲得の遅れから来るものです。しかし、ADHD の子どもの場合は、年齢が上がるとともに同年齢の子ども集団のなかでの不注意や衝動性が目立つようになり、失敗を

繰り返したり、叱責される経験が多くなったりすることで、次第に自己肯定感が低くなっていきます。その結果、反抗的な態度や暴力的な行為が現れ、2次的な問題としての学業不振や不登校、非行につながっていくこともあります。

　他方でADHDの子どもを育てる保護者は、同じ指示を何度繰り返しても従えず、ルールを破って次々とトラブルを起こす我が子を前にして、なんとかしなければと躍起になるあまり、注意しているつもりが行き過ぎた叱責や暴力に発展するということも起こりがちです。「困った子ども」と思われている子ども自身が実は一番困っているのだということを念頭に置きたいところです。そのうえで、刺激が多すぎる環境を改善したり、不注意を補うための手段を講じたりして、子どもが達成感をもち、自己肯定感を育てられるようなかかわりができるように保護者を支援していくことが重要なのです。

（4）学習障害（LD：Learning Disorder）
①学習障害とは
　文部科学省は学習障害を次のように定義しています。

　基本的には全般的な知的発達に遅れはないが、聞く、話す、読む、書く、計算する又は推論する能力のうち特定のものの習得と使用に著しい困難を示す様々な状態を指すものである。学習障害は、その原因として、中枢神経系に何らかの機能障害があると推定されるが、視覚障害、聴覚障害、知的障害、情緒障害などの障害や、環境的な要因が直接の原因となるものではない。

　具体的には、次のように学習能力の一部に問題があるという状態を指します。
・聴力に問題が無いのに、耳で聞いて内容を理解することや自分の考えを相手にわかるように話すことが困難である。
・視力に問題が無いのに、読んで文章の意味を正確に読み取ることや字の形を正確に書くことが極端に苦手である。
・知的障害が無いのに、計算や推論ができない。
　学習障害は通常学童期以降に診断される障害ですが、不器用さ、注意力の

ふりかえりメモ：

弱さ、情緒不安定などが伴うことも多く、このような特徴は、幼児期からみられます。

②本人の努力不足ではない

　学習能力の部分的な欠陥は脳の機能的な問題、あるいは認知の特性であり、本人の努力によって補うには限界があります。それにもかかわらず一見して障害があることがわかりにくいために、周囲の理解が得られず、授業についていけないことや、学習内容が身につかないことを本人の努力不足にされ、叱責や、注意を繰り返し受けるなかで、自己否定的な態度を身につけてしまうことが多いのです。

　LD が疑われた場合には、学習能力のどこにどのような困難があるのかをアセスメントし、できないことを少しずつできるようにしていく努力に加えて、できることや、できる方法を見つけて、得意なことを生かしていけるような支援が重要です。

虐待は心にも大きなダメージを与えてしまいます…

2. 虐待によっておこる臨床的問題

　子ども虐待は、心身の発達に大きな影響を及ぼし、時には、前述した「発達障害」と同様の症状を引き起こすこともあります。

（1）虐待が認知機能や情緒の発達に及ぼす影響

　乳幼児期の虐待が心身の発達に与える影響は、一時的なものではなく、発達過程の脳機能に永続的なダメージを与えてしまうことがあるということが、近年の研究で明らかにされつつあります。虐待のストレスによって、認知機能の発達が阻害され、知的障害・学習障害のような様相を示すことや、記憶や情動を適切に制御する力が損なわれ、注意集中困難、多動傾向・衝動的な傾向を示すこともあります。

　また、虐待によって幼児期・児童期に安心して生活することができず、いつも不安や恐怖に脅え、自分を大切な存在であると感じることができずに育ってしまったことで、青年期、成人期になってから精神的後遺症が残り、精神障害や人格障害、行動面の問題等を引き起こすことがあります。

（2）虐待の世代間伝達と保護者への支援

　被虐待児のおおよそ3分の1が、成長して親になりわが子に対して同じように虐待やネグレクトを反復すると言われています（日本小児科学会 2014）。[2] 多くの場合、自分が愛されてこなかったために、どうやって愛すればよいの

か、どのように育てればよいのかわからずに不適切なかかわりを繰り返すことになってしまうのです。

　子ども時代に虐待を受けた経験のある人が親になり子育てに困難を感じている場合には、そこに至るまで苦難を乗り越えて生きてきたことの辛さや、並々ならぬ努力を認めたうえで、望ましい子育ての具体的な方法を伝えるような支援を丁寧に、長期的に行う必要があります。被虐待児が親となり、自分には与えられなかった幸福な子ども時代を我が子に与えるには、人一倍のさらなる努力や周囲の支援が必要になります。しかし、被虐待児が成長して親となり、地域社会のなかで家族とともに幸せな時間を共有し、親としての自信や誇りを得ることができれば、望んでも得られなかった自らの幸福な子ども時代の体験を補償し、新たな被虐待児が生まれることを防止することにもつながるはずなのです。

レッツトライ

Q 障害の有無に関わらず、子どもは先の見通しがもてると安心しやすいものです。子どもが落ち着いて過ごせるための工夫を考えてみましょう。

ホップ　ふだんの保育の一日のスケジュールを、入園したばかりの年少の３歳児にわかりやすく伝えるためにはどのようにすればよいでしょうか。あなたのアイデアを箇条書きで書いていましょう。

ステップ　考えたアイデアを発表し、周りの人と話し合ってみましょう。

ジャンプ　子どもに一日の予定をわかりやすく伝えるスケジュール表を作ってみましょう。

● 発展的な学びにつなげる文献

・松永正訓『発達障害に生まれて』中央公論新社　2018 年
　小児外科医である著者が、自閉症児と母親の姿を鮮明に描いたルポルタージュ。「自閉症児の脳で幸せを考える」ということの大切さを実感できます。巻末にさまざまな発達障害に関する解説もあります。

・友田朋美・藤沢玲子『虐待が脳を変える　脳科学者からのメッセージ』新曜社　2018 年
　子ども虐待で傷つく脳の科学的な研究成果を通して、マルトリートメント（不適切な養育）が子どもの発達に与える影響について解説しています。

【引用文献】

1）厚生労働省　障害児支援の在り方に関する検討会 「障害児支援の在り方について（報告書）－『発達支援』が必要な子どもの支援はどうあるべきか－」2014 年
http://www.mhlw.go.jp/file/05-Shingikai-12201000-Shakaiengokyokushougaihokenf

ukushibu-Kikakuka/0000051490.pdf（2018 年 10 月 10 日アクセス）

2）日本小児科学会　こどもの生活環境改善委員会「子ども虐待診療手引き」2014 年
　https://www.jpeds.or.jp/modules/guidelines/index.php?content_id=25
　（2018 年 10 月 10 日アクセス）

【参考文献】

上田敏『ICF の理解と活用』萌文社　2005 年

森則夫・杉山登志郎・岩田泰秀『臨床家のための DSM-5 虎の巻』日本評論社 2014 年

木本美際・岡本祐子「母親の被養育経験が子どもへの養育態度に及ぼす影響」広島大学
　大学院教育学研究科心理学講座編『広島大学心理学研究』第 7 号　2007 年　pp.207-225

子育て支援と心理臨床編集委員会編　「特集：発達のアセスメントと子育て支援」『子育
　て支援と心理臨床 Vol.12』福村出版　2016 年

塩崎万里「第 11 章　発達の診断と発達検査」繁多進監修『新乳幼児発達心理学』福村出
　版　pp.168-182　2010 年

野村和代・井上雅彦　「被虐待児とその養育者に対する治療的アプローチについての一考
　察」兵庫教育大学発達心理臨床研究センター『発達心理臨床研究』13 2007 年　pp.79-91

第8章
乳幼児期の学びに関わる理論① 愛着

エクササイズ　　自由にイメージしてみてください

あなたが乳幼児期に好きだった先生はどんな人だったか覚えていますか？

この章のまとめ！

学びのロードマップ

●第1節
育ちと学びの土台となる「愛着」の大切さについて説明します。

●第2節
愛着とはなにかを説明します。

●第3節
愛着関係について説明します。愛着が育たたないと子どもはどうなるのか？といった研究結果も紹介します。

●第4節
愛着が形成される様子や、愛着の質やタイプについて説明します。

●第5節
愛着を築くための援助のポイントを説明します。

この章の なるほど キーワード

■**安全基地**…愛着が形成されると、子どもはその相手を「安全基地」としてさまざまな探索行動を行うようになります。探索行動は子どもの学びそのものです。つまり、愛着が学びを支えているのです。

愛着はアタッチメントとも言います。

第1節　育ちと学びの土台となる愛着

　子どもが、特定の人との間に情緒的絆を形成することを「愛着」（アタッチメント）といいます。そのような特定の人を、愛着の対象といいます。子どもは、危機的状況に陥ったときに、愛着の対象に接近するなどの愛着行動を示します。愛着の対象に受け止められ、不快を取り去ってもらうことによって、子どもは十分に守られているという情緒的な安定を育んでいくからです。

　養育者や保育者は、危機状況では子どもの安全基地として機能する存在です。子どもの世話だけでなく、子どもの心身の危機的状況を敏感に察知し、要求にタイムリーに応答する必要があります。やがて子どもは安心して、愛着の対象から離れることができます。子どもにとって愛着の対象は、外の世界に向かうエネルギーを補給し、子どもにとって頼りになる存在なのです。

　現代の育児環境のなかで、養育者が子どもの安全基地として機能するためには、養育者自身も支えられているかどうかを考えなければなりません。さらに、愛着の対象を喪失した場合には子どもへの適切な支援が求められます。

第2節　愛着とは

1. 子どもの愛着と養育者の世話

　発達早期の子どもは、泣くことで養育者に要求を伝えます。「お腹がすいた」「ねむたい」「不快」などのストレスが生じたときに、適切な世話をしてもらうことで不快が取り除かれ、ゆったりと安心感に満たされます。

　人の子どもは未熟な状態で生まれるため、世話をしてくれる大人に依存しなければ生きていけません。新生児は吸啜、把握反射などによって本能的に身近な大人に接触を求め、人指向性をもって生まれてきます。生理的な泣きから、感情のこもった泣きによって、心身の危機的状況を周りに伝え、守ってくれる大人に自分の思いを訴えるようになります。生後1年の乳児期は、世話をしてくれる養育者との関わりのなかで、自らの行動や感情表現が意味をもつことがわかるようになり、社会的・心理的な成長に結びつきます。すなわち、苦痛を感じたり、疲れたり、具合が悪かったり、何かにおびえたときには、きっと養育者が抱きあげ、守ってくれると信じることができるようになります。このような基本的信頼感が情緒の安定や自信につながります。

2. 愛着の定義

　愛着とは、特定の人を対象として形成される特異的・弁別的なものです。ボウルビィ（Bowlby, J.）[*1]は、子どもは強いストレスを感じた時に、その危険な状況から逃れるために、特定の人（第一養育者、母親など）との近接を求めて呼んだり、抱っこや慰めを求めて、安心を維持しようとする傾向をもっているとしました[1]。子どもには、養育者に発信する泣き、微笑み、呼びかけ、定位（注視）、抱きつき、後追い等といった愛着行動が観察されます。

　このような愛着の形成は、本来生得的なものですが、子どもの自発的行動と養育者の応答という双方の個人差や関係性が反映されます。したがって愛着は、乳幼児の発達や個性をとらえるバロメーターになります。

　ボウルビィの前には、ハーロウ（Harlow, H. F.）がアカゲザルに関する実験（図8−1）を行っています。この結果、金網製でミルクが飲めるようになっている代理母よりも、布製の接触することが快適な代理母親に、1日の大半しがみついて過ごすことが示されました。栄養摂取よりも、心地よい感触がアカゲザルの赤ちゃんの安心につながることを明らかにしたのです。

図8−1　代理母の実験
(Harlow,1959)

＊1
ボウルビィ（1907-1990）はイギリスの児童精神医学者。母子関係が人格発達に及ぼす影響を体系的に考察し、愛着関係が人格形成の核となる重要な概念であることを提唱した。とりわけ、愛情対象の喪失体験を母性剥奪（maternal deprivation）として、発達に重大な弊害をもたらすと警鐘を鳴らした。その理論の集大成が『母子関係の理論Ⅰ，Ⅱ，Ⅲ』（1976,77,81）にまとめられている。

3. 「愛着の対象」と「安全基地」

　ボウルビィは、乳児期の子どもの行動に注目し、ストレスを感じる場面になると、まるで避難所であるかのように養育者にSOSを発して接近し、保護を求めることから、養育者は「愛着の対象」であると説明しました。また、ときどき養育者の居場所を確認するような行動がみられることから、「安全基地」として機能するとしています。

　一方で乳児期後期の子どもは、テーブルからスプーンなどを落として、養育者に拾わせたり、いないいないばあを喜ぶなど、見えなくなるがまた出てくるという遊びを繰り返します。このような「対象の永続性」（目の前のものが見えなくなっても存在そのものがなくなってしまうわけではないこと）が獲得されることは、「愛着の対象」が見えなくなっても存在し続けるという確信につながっていて、記憶能力の発達と関連しています。

　運動発達に伴い、乳幼児自らが愛着の対象から離れて、外界に向かうなどの探索が活発になると、はじめての場所やモノにも興味を示して、危険な場所や状況に遭遇することも増えていきます。その結果、危機的状況や不安に

陥ると、「安全基地」である愛着の対象に戻って、なだめられしばらくして落ち着くと、また探索を再開します。すなわち、「愛着の対象」が目の前からいなくなったとしても、存在そのものがなくなってしまうわけではないと確信できるようになること、困ったときには頼りになる「安全の基地」があるといった基本的信頼感をもつことが、子どもの発達には重要な役割を果たしていると考えられるのです。

第3節　愛着関係

1. 愛着関係のイメージ

　「愛着の対象」が心のなかのイメージとして保持できるようになると、自分が働きかければ、周りの人が「愛着の対象」と同じように対応してくれて、受け止めてもらえるという情緒的安定を維持できるようになります。「愛着の対象」が守ってくれるというイメージ、それをどのくらい引き出せるかという子ども自身についての効力感をもつようになるのです。子どもはこのようなイメージによって、相手の行動を予測したり、自分を周りに合わせて調整する機能を備えていきます。すなわち、「愛着の対象」のイメージがその後の自己意識の内容や対人関係の形成など、発達のさまざまな側面にも影響を及ぼすことになります。さらには、その子どもが成長して、親になったときの養育のあり方とも関連をもつと考えられています。

　このように現実の体験と人との関係性のイメージが重なり合って、心の中にイメージ化されたものを「内的作業モデル（Internal Working Model, IWM）」といいます。これは、子どもの自己効力感、自信、人間関係や社会的行動にとってたいへん重要な役割を果たします。その後の学びや行動を調整するシステムとして機能する基礎とみなすことができます。ボウルビィは内的作業モデルについて、「人や世界との継続的なやりとりを通じて構築される、世界、他者、自己、そして自分にとっての重要な他者との関係性に対する表象である」と定義しています。

2. 母性的養育の剥奪の影響

　愛着理論の研究者たちは、子どもや養育者の行動を観察することによって、保育の現場で役立つ豊かな知見を残しています。

（1）ホスピタリズム

　第二次世界大戦後、スピッツとウルフ（Spitz, R. & Wolf, K.M.）、ボウルビィは施設に収容されている子どもたちのホスピタリズムについて検討しました。ホスピタリズムとは、施設収容されたときに、発達の遅滞、表情の乏しさ、適応障害などが出現することをさします。

　スピッツは、乳児期に母親と離れて、長期にわたり施設で過ごすことが、子どもの運動、認知、情緒発達に悪影響を及ぼすことを明らかにしました。発達早期に施設収容された子どもたちには、敵意のある攻撃性、かんしゃく、夜尿、発語の乏しさ、関心を引こうとする行動、過敏さ、ひきこもり、反抗的態度などを示す傾向が観察されたのです。

　こうしたことから、生後早期に母親による養育、母子間の相互的やり取りがあることが、「自己調整」の発達と関連しており、その後の子どもの適応・不適応につながっていることを観察によって明らかにしました。すなわち、特定の養育者や母親による世話は発達を促進しますが、十分に世話されない場合には子どもの心身の発達に遅れがみられたのです。

愛着が形成されないとこのような影響があるのですね。

（2）愛着の対象との長期分離の影響

　ボウルビィは、非行少年を保護する施設で児童精神科医として勤めていました。その際に、子どもが親から長期に分離される体験が、その後の子どもの心身の発達に大きなダメージを与えることを目の当たりにしたことが、研究を進めるきっかけになったと述べています。とくに不適応を示す少年たちの成育歴を調べてみると、母親に養育されない生活が長期に及び、愛着の対象が剥奪されていました。

　このことから、社会的養護では長期よりも短期の収容、あるいは里親に託すか、特定の保育者が養育を担当するような環境を整える、家族再統合を援助するなど、愛着の形成に配慮する必要があると考えられてきました。

3. 家庭での愛着関係と保育

　子どもが家庭保育と平行して、保育所で1日の一定時間を過ごす場合には子どもの愛着をどのように考えればよいのでしょうか。一般的な保育所の場合、複数の子どもを対象とし、複数の保育者が関わるので、家庭保育に比べると、一人あたりの子どもに割ける保育者の関わり量は当然少なくなります。ところが、複数の養育者と過ごす時間と子どもの発達との関連について研究が積み重ねられた結果、「家庭保育とのちがいはない」とされています。

　アメリカの国立小児保健・人間発達研究所（National Institute of Child

Health and Human Development, 以下 NICHD と略す）は、全米から約1300 人の新生児を対象として、大規模な追跡研究を実施しています。

「NICHD 発達初期の保育と子どもの発達に関する研究」（2006/2009）[2]において、4 歳半までの発達との関連を縦断的にみたところ、「保育（母親以外の人によって定期的に行われる子どものケア）」＋家庭養育の子ども」と「家庭で母親中心の養育を受けている子ども」とを比較すると、保育を受けているかいないか、保育時間、保育を始めた時期は、子どもの発達との有意な関連はみられなかったことがわかりました。つまり、質の良い集団保育は、家庭養育を補うのです。

また、この研究では、母子間の安定した愛着関係と発達とのプラスの関連が明らかにされています。したがって乳幼児期の発達は、主たる養育者との関係性から強く影響を受けることから、保育者は、送迎時における親子分離場面や再会場面に関して、乳幼児の行動や親子関係などに注意を払う必要があります。また子どもは、長くかかわる保育者に対して愛着行動を示すので、保育者と子どもの関係、養育者と子どもの関係が競合しないように子どもの発達につなげられるよう配慮することも重要です。

4. さまざまな愛着行動

愛着は特定の大人（愛着の対象）に接近を求めるような行動として観察が可能です。養育者への後追い、身体接触、しがみつき、だだこねなど、乳幼児が愛着行動を示したときに、「愛着の対象」がそれに気づき、呼びかけに応えたり、抱っこしたり、不快を取り除く、なだめるなどの応答的な対応をする結果、子どもは安心できるようになります。

子どもの愛着行動には個性がみられます。

子どもの愛着行動の示し方が穏やかなときには、養育者は言葉かけや接近することによって、子どもをなだめ、情緒の安定を引き出すことができます。愛着行動が緊急で激しいときには、しっかり抱いたり、子どもにわかるように安心感を与えなければ、なだめることはできません。外界ですさまじいことが起こった場合、愛着の対象を喪失するなど、外傷体験に直面すると、悲嘆や悲哀など長期に及び、非常に不安定になります。

たとえば入園したばかりの頃など、親子分離時に大泣きしますが、保育者が乳幼児に寄り添って気持ちをなだめたり、母親の代わりになるようなもの（移行対象）を触っていることで、気持ちが慰められたり、不安を軽減できたり、葛藤が弱まることがあり

ます。移行対象とは、特定の毛布、タオル、ぬいぐるみな
どです。子どもによっては、母親の代わりになるような愛
着の対象になるものを保育所にもってきて、常に手元に置
くことにより少し落ち着いて、集団に参加できるようにな
る場合があります。

ぬいぐるみは「移行
対象」の意味ももっ
ています。

第4節　愛着の発達

1. 愛着の発達段階

　生まれたばかりの乳児は、まだ特定の大人に対する愛着は形成されていま
せん。表8－1のように、愛着には発達段階があります。養育者と関わる経
験を積み重ねて、次第に形成されるのです。始めは乳児が養育者にシグナル
を送ると、シグナルを受け止められる体験ができるように援助します。その
後は身体機能、認知、社会情緒的発達にともなって、自分で調整できるよう
に援助します。

表8－1　愛着の発達段階

特徴	段階
第1段階 （3ヵ月ころまで）	不特定多数の人物に対して、注視する、泣く、微笑む、声を出す などのシグナルを送る。
第2段階 （6ヵ月ころまで）	乳児がシグナルを送る対象が、特定の人物になっていく。
第3段階 （6ヵ月から2、3歳まで）	運動機能の発達に伴い、これまでのシグナルに加え、後を追った り、抱っこを求めたり、しがみついたりなど、能動的な行動を通 して、特定の対象との近接を絶えず維持しようとする。また外界 への興味も高まり、特定対象を安全基地として探索行動をするよ うになる。
第4段階 （2、3歳以降）	認知の発達に伴い、養育者の意図や周囲の状況などが把握でき るようになり、養育者の意図と自分の意図が異なる場合でも調 整、修正を行えるようになる。また自分に何かあったときは助 けてくれるという愛着対象のイメージが内在化され、絶えず養 育者との近接を維持していなくても行動できるようになる。

出典：菅野幸恵・塚田みちる・岡本依子著『エピソードで学ぶ赤ちゃんの発達と子育て―いのちのリレー
　　の心理学』新曜社　2010年　p.39

ふりかえりメモ：

2. 愛着の測定

（1）愛着の質の測定　—ストレンジ・シチュエーション法—

　エインズワース（Ainsworth）[2]は、愛着が形成される生後1年間の母子間のやり取りの様子を細かく観察して記録を残し、子どもが養育者とどのように愛着を形成していくかについて明らかにしています[3]。母親の働きかけ、子どもが反応する様子、子どもの愛着の発達、個人差などを見出し、その後の愛着理論にとって重要な発見を残しました。

　エインズワースらは、愛着の質について、親子に対する実験的な方法によって、子どもにストレスを与える状況を設定し、愛着の質を客観的にとらえる手法を開発し、「ストレンジ・シチュエーション法（SSP　Strange Situation Procedure）」と名づけました。これにより、安定した愛着、不安定な愛着をとらえることができるようになりました。諸外国でもこの手続きを用いた研究が積み重ねられており、もちろん日本でも実施されています。

　図8−2に示したように、生後3か月〜24か月の子どもとその母親に対して、次の8場面の設定で行います。①母子で入室、②母がいて、子どもは自由に探索、③見知らぬ人（ストレンジャー）が入室、④母親退室（母子分離）、⑤母親が戻ってきて（母子再会）見知らぬ人が退出、⑥2回目の母親退室（母子分離）、⑦見知らぬ人が入室、⑧母親が戻ってきて（母子再会）見知らぬ人が退出の8場面（図8−2）です。とくに②、④、⑤、⑥、⑧に注目して分析します。

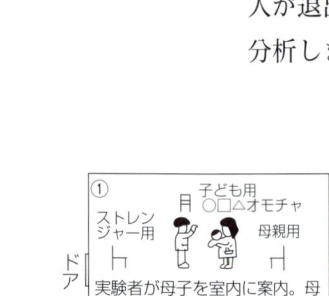
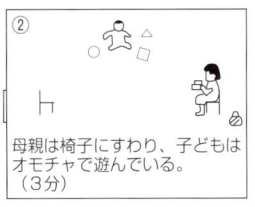

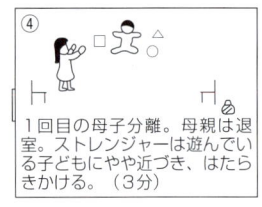
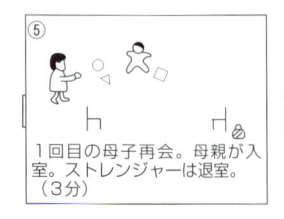

図8−2　ストレンジ・シチュエーションの8場面

出典：繁多進『愛着の発達—母と子の心の結びつき』大日本図書　1987年　p.79

（2）養育者の応答性

　愛着が成立するためには、子どもが示す愛着行動に対して、養育者（保育者）がタイミングよく、適切に敏感に反応することによって、子どもが安心できるような体験を積み重ねる必要があります。子どもは、日常生活のなかで養育者と相互作用を積み重ねる結果として、愛着の発達を遂げます。このような愛着システムは、子ども、子どもにとっての愛着の対象、愛着行動、愛着の対象が示す応答性など、愛着に関する用語で説明されます。

　エインズワースらは、養育者の応答性（センシティビティ sensitivity）を測定するものさしも考案しました[3]。養育者の子どもに対する行動を観察し、9段階のどれにあたるかを評価するものです。

（3）子どもの愛着のタイプと養育者の関わり方

　養育者の応答性と子どもの愛着の質との組み合わせによって、相互の愛着関係の特徴（タイプ）をとらえることができます。

　表8-2は、養育者との分離および再会場面に現れる子どもの行動上の違いによって特徴を示したものです[4]。次の4つのタイプに分類されます。

　　Aタイプ（回避型　Avoidant）
　　Bタイプ（安定型　Secure）
　　Cタイプ（アンビヴァレント型　Ambivalent）
　　Dタイプ（無秩序・無方向型　Disorganized/ Disoriented）

　さらにこの表では、ストレンジ・シチュエーション法と家庭での母子相互作用の観察を参考にして、各タイプの特徴を示しています。

　Aタイプの乳幼児については、養育者が子どもに対して拒否的で、子どもの不快感情の表出に対して距離を置こうとします。Bタイプの場合、養育者は子どもに対して応答的で、相互交渉が円滑に進み楽しんでいます。他方Cタイプの場合、養育者は子どもに対して応答性が乏しく、気まぐれで一貫性のない対応が多いとしています。Dタイプの乳幼児は、養育者に近づこうとしながら避けるような行動がみられます。すなわち、顔をそむけながらも養育者に近づく、養育者にしがみついたかと思うと、床に倒れこんで関わりを拒否する、などです。Dタイプの養育者は、子どもに対して拒否的で、子どもをおびえさせるふるまいがみられるとしています。

　A、Cタイプの乳幼児には一貫した自己や構造化された自我がみられるため、日常の保育での対応や保護者支援につなげることができます。しかしDタイプの子どもとその養育者との関係性については、反応性愛着障害や脱抑

制型愛着障害など虐待との関連が示唆され、早めに専門的な対処が必要とされます[5]。本来ストレスが生じ、危機的状況にある子どもは安心を求め、養育者から守られなければならない存在ですが、養育者が安全基地とはならず、かえって子どもをおびえさせたり、追い詰めたり、恐怖を与えることになると考えられるからです。

表8−2　各アタッチメント（愛着）・タイプの行動特徴と養育者の関わり方

	ストレンジ・シチュエーションにおける子どもの行動特徴	養育者の日常の関わり方
Aタイプ（回避型）	養育者との分離に際し、泣いたり混乱を示すということがほとんどない。再会時には、養育者から目をそらしたり、明らかに養育者を避けようとしたりする行動が見られる。養育者が抱っこしようとしても子どもの方から抱きつくことはなく、養育者が抱っこするのをやめてもそれに対して抵抗を示したりはしない。養育者を安全基地として（養育者と玩具などの間を行きつ戻りつしながら）実験室内の探索を行うことがあまり見られない（養育者とは関わりなく行動することが相対的に多い）。	全般的に子どもの働きかけに拒否的にふるまうことが多く、他のタイプの養育者と比較して、子どもと対面しても微笑むことや身体接触することが少ない。子どもが苦痛を示していたりすると、かえってそれを嫌がり、子どもを遠ざけてしまうような場合もある。また、子どもの行動を強く統制しようとする働きかけが多く見られる。
Bタイプ（安定型）	分離時に多少の泣きや混乱を示すが、養育者との再会時には積極的に身体接触を求め、容易に静穏化する。実験全般にわたって養育者や実験者に肯定的感情や態度を見せることが多く、養育者との分離時にも実験者からの慰めを受け入れることができる。また、養育者を安全基地として、積極的に探索活動を行うことができる。	子どもの欲求や態度の変化などに相対的に敏感であり、子どもに対して過剰なあるいは無理な働きかけをすることが少ない。また、子どもとの相互交渉は、全般的に調和的かつ円滑であり、遊びや身体接触を楽しんでいる様子が随所にうかがえる。
Cタイプ（アンビヴァレント型）	分離時に非常に強い不安や混乱を示す。再会時には養育者に身体接触を求めていくが、その一方で怒りながら養育者を激しくたたいたりする（近接と怒りに満ちた抵抗という両価的な側面が認められる）。全般的に行動が不安定で随所に用心深い態度が見られ、養育者を安全基地として、安心して探索活動を行うことがあまりできない（養育者に執拗にくっついていようとすることが相対的に多い）。	子どもが送出してくる各種アタッチメントのシグナルに対する敏感さが相対的に低く、子どもの行動や感情状態を適切に調整することがやや不得手である。子どもとの間で肯定的な相互交渉を持つことも少なくはないが、それは子どもの欲求に応じたものというよりも養育者の気分や都合に合わせたものであることが相対的に多い。結果的に、子どもが同じことをしても、それに対する反応が一貫性を欠くとか、応答のタイミングが微妙にずれるといったことが多くなる。
Dタイプ（無秩序・無方向型）	近接と回避という本来ならば両立しない行動が同時的に（例えば顔をそむけながら養育者に近づこうとする）あるいは継続的に（例えば養育者にしがみついたかと思うとすぐに床に倒れ込んだりする）見られる。また、不自然でぎこちない動きを示したり、タイミングのずれた場違いな行動や表情を見せたりする。さらに、突然すくんでしまったりうつろな表情を浮かべつつじっと固まって動かなくなってしまったりするようなことがある。総じてどこへ行きたいのか、何をしたいのかが読みとりづらい。時折、養育者の存在におびえているような素振りを見せることがあり、むしろ初めて出会う実験者等により自然で親しげな態度を取るようなことも少なくない。	Dタイプの子どもの養育者の特質に関する証左はまだ必ずしも多くはないが、Dタイプが被虐児童や抑うつなど感情障害の親を持つ子どもに多く認められることから以下のような養育者像が推察されている。（多くはトラウマ体験など心理的に未解決の問題を抱え）精神的に不安定なところがあり、突発的に表情や声あるいは言動一般に変調を来し、パニックに陥るようなことがある。言い換えれば子どもをひどくおびえさせるような行動を示すことが相対的に多く、時に、通常一般では考えられないような（虐待行為を含めた）不適切な養育を施すこともある。その一方で、通常はおとなしく、子どもに粗暴なふるまいを示すこともほとんどないが、ストレスに対してきわめて脆弱で無力感に浸りやすく、情緒的に引きこもりやすい養育者像も想定されている。

出典：遠藤利彦「アタッチメント理論とその実証研究を俯瞰する」数井みゆき・遠藤利彦編著『アタッチメントと臨床領域』ミネルヴァ書房　2007年　p.22

第5節　愛着に対する援助のポイント

1. 愛着の問題への対応

　愛着の問題があるとき、専門家による何らかの援助が必要になります。ここでは森田[6]の児童福祉ケアの援助を示す表8-3を提示し、子どもへの対応と養育者に対する援助について検討します。

表8-3　児童福祉施設入所児童における愛着のパターンからみた対応のポイント

①親からの安定したケアの提供	②親による脅威	③アタッチメントの状態	④乳児の自己調律機能	⑤親の情緒的利用可能性	子どもへの対応	親への対応
＋（感受性と一貫性のあるケア）	**－**	安定型	良	高　い	・施設入所や退所の移行がアタッチメントの混乱にならない配慮。	親自身には問題がないとすれば、環境的な問題へのサポートを行い、親元に戻るまでの過程を支える。
	－	不安定型（組織化）	不安定	低　い改善の可能性がある	・親との関係修復を念頭におく。子ども、親の双方に対する安定的な関係を形成し、橋渡しをしていく。・施設入所や退院の移行がアタッチメントの混乱にならない配慮。	親が安定したアタッチメント対象として機能するように、感受性の向上やスキルの向上をはかる。
±（感受性の低い養育や一貫性のない養育）	**＋**	無秩序・無方向型（未組織化）（A／C）、安全基地歪曲型	不安定不適切な方法による調律（例：攻撃、自傷）	低　い改善の可能性はあるが、むしろ侵襲性と混在している点が難しい	・職員・里親・セラピストが新しいアタッチメント対象として安定した関係を作り、子どもの感情や認知の制御力を伸ばす。・養育者に懲罰的または過度な配慮などによってコントロールする態度を見せる可能性があるがこれに振り回されないことが大事。親との分離やトラウマ反応の解除にも取り組む。・長期ケアが望ましいが、家族への再統合などを目指す場合でも、一旦は代理の養育者との間で内的作業モデルの安定化をはかり、これを維持していけるような体制を検討する。	親にすぐによい関わりを期待することは難しい。外出泊など家族との接触は注意を要する。家族との接触前後におけるトラウマ反応への注目を要する。親自身の内面に向けた心理ケアを要する場合もある。
－（極端なネグレクト状態）	**－**	アタッチメント未成立型	不　良（機能が未達成）	な　い	・新しい養育者（職員・里親）が、子どもとの間に個別的な安定したアタッチメント関係を築くことが目標。・無差別的あるいは抑制的な反応により「あなたなんて不要だ」という感じを抱かせる可能性がある。特定の養育者であることを感じてもらう対応を継続する。・元の親に戻せる可能性は低く、できるだけ長期に同じアタッチメント対象との関係を維持する。	元の親に、よい関わりを期待することは難しく、直接の養育は制限・断念してもらう場合が多い。それでも子どもの安定化後に、タイミングをみて親子で気持ちをやりとりする機会を持つことも意味があると思われる。

出典：森田展彰「児童福祉ケアの子どもが持つアタッチメントの問題に対する援助」数井みゆき・遠藤利彦編著『アタッチメントと臨床領域』ミネルヴァ書房　2007年　p.193

まず、養育者が愛着の対象として機能しているか（①欄が＋）、脅威を与えているか（②欄が＋）の２つの側面からみると、子どもにとって親（養育者）の情緒的利用可能性（⑤）の高・低の４パターンに分類されることがわかります。子どもの愛着の質（アタッチメントの状態③）は、表８－２の４タイプに愛着未成立型を加えて分類され、それに付随した子どもの自己機能（④）の状態について述べられています。以上の①〜⑤を考慮したうえで、子どもと養育者に対してどのように援助するかが詳細に述べられています。表からは、愛着の質が構造化されていない無秩序・無方向型、未成立型に関しては親と子ども双方への支援が必要であることがわかります。

2. 愛着関係と子どもの発達支援

（1）子どもをとりまくシステムをとらえる

　愛着をとらえる際に、これまで母子関係が中心になりがちでしたが、子どもは母親との二者関係だけで愛着の発達を遂げるわけではありません。むしろ、父親やきょうだい、祖父母、保育者を含めた関係のシステムのなかで、幅広い発達を促すことができます。きょうだいがいることによって、乳幼児の対人関係はより広くなり、愛着の対象や関わりの質・量が変化することも予想できます。母親以外、たとえば父親や保育者の子どもへの関わりの質をとらえるために、現在、愛着の概念は広く使われ、それぞれの関係をとらえて子どもの発達を促すことにつなげています。

＊3
第１章の p.22 を参照。

（2）生態学モデル（エコロジカルモデル）*3 でとらえる

　子どもが実際に生活する環境によってどんな影響を受けているか、社会的な支援システムや間接的、二次的、三次的な影響に焦点があてられるようになっています。

　たとえば、父親の育児参加が当然のこととして受け入れられる社会では、父子の接触量が増え、距離が縮まることによって、子どもは父親を「愛着の対象」として、その後の社会的ネットワークを広げていくでしょう。
社会の変動に伴い、発達早期から保育を経験する子どもが増えており、母親以外の養育者が子どもにかかわる機会が多くなっています。ベビーシッター、子育て支援者、祖父母、保育者など、日中子どもの養育に関わる保護者以外の人々に対する子どもの愛着が、従来の母親と子どもとの愛着関係に影響を与えます。一方で、母親の就労の有無、保育所での養育の経験の有無、途中で母親が仕事を始めること等が、愛着のタイプに影響することはないとされています。

（3）安全基地となる養育者への支援

　このように子どもをとりまく生態学的環境は変化しており、子どもは複数の愛着の対象をもつことになりますが、それぞれの愛着の対象から十分に守られていると感じることが大切です。そのためには、世話されるだけでなく、認められること、共感されること、理解されることが必要とされます（ボウルビィ 1969/1976）。さらに、愛着の対象は、子どもが外の世界に出ていくための足場をつくり、探索を応援し、戻って来れば受け入れ、怖がっていれば守るような頼りになる存在です。一方で子どもの安全基地として機能するためには、養育者自身が社会から支えられているかどうか、子育て支援のあり方についても考える必要があります。

（4）愛着の対象の喪失と支援

　ボウルビィ（1969/1976）は、子どもが両親から離れて病院や施設で生活するときに、親子分離の反応として、分離不安を示す「抵抗」、喪失の受容を示す「絶望」、喪失の痛みから自分を守る「脱愛着」の3つの特徴的段階があることを示しました。愛着対象の喪失は心の問題としてとらえられるとしています。

　他方、天変地異などの圧倒的な破壊力によって、子どもにとってよるべとなるはずの"大地"がゆらぎ、日常の喪失を体験することがあります。日本では1995（平成7）年の地下鉄サリン事件、阪神・淡路大震災以降、子どもの分離不安や退行について研究されるようになりました[7]。

　圧倒的な危機の状況で子どもが分離不安を示すのは、愛着の対象にしがみついて守ってもらいたいという緊急事態の合図です。守ってもらうはずの愛着の対象を失うという状況は、「喪失」とよび、対象の喪失に引き続いて生じる退行は、安全に守ってもらえていた発達段階に戻ろうとする行動です。子どもが喪失を受け入れていく悲嘆と悲哀の作業には危険も伴います。

　喪失以前の愛着の対象との関係のあり方が、喪失体験やその後の「悲嘆」に取り組む姿勢と関連することが指摘されています[8]。喪失の痛みを支援するには、愛着の発達、危機的状況のインパクトの大きさ、喪失、悲嘆それぞれを理解したうえでアセスメントして、支援計画を立てる必要があります。

　2011（平成23）年の東日本大震災、2016（平成28）年の熊本地震、2018（平成30）年の西日本豪雨による被災など、自然災害にまきこまれて、愛着の対象の喪失だけでなく、慣れ親しんだ環境の変化や喪失等を経験した乳幼児の発達とその支援についても考えなくてはなりません。一人一人の子どもに適切な支援が今も求められています。

 ....

Q 乳児の「育児担当制」と愛着について考えてみましょう。

ホップ
育児担当制の良いところと課題をあなたなりに考えて、箇条書きにしてみましょう。

....

....

ステップ
考えたことをもとに周りの人と話し合ってみましょう。

....

....

ジャンプ
育児担当制について自分なりに文章にまとめてみましょう。

....

....

....

● 発展的な学びにつなげる文献

・友田明美『子どもの脳を傷つける親たち』NHK 出版　2017 年
　愛着の障害について、子どもの脳の発達阻害を取りあげています。

・北川恵・工藤晋平編『アタッチメントに基づく評価と支援』誠信書房　2017 年
　乳幼児から成人まで生涯発達にかかわる愛着関係のとらえ方を整理してあります。愛着の評価とその支援について学ぶことができます。

【引用文献】
1）J. ボウルビィ（黒田実郎他訳）『母子関係の理論 I 愛着行動』岩崎学術出版社　1976 年
2）日本子ども学会編／菅原ますみ・松本聡子訳『保育の質と子どもの発達　アメリカ国立小児保健・人間発達研究所の長期追跡研究から』赤ちゃんとママ社　2009 年
3）Ainsworth, M.D.S., Blehar, M. C., Waters, E. & Wall, S.（Eds.）, *Patterns of*

　　 attachment: A Psychological study of the strange Situation, Hillsdale, NJ : Erlbaum.
　　 1978.

4) 遠藤利彦「アタッチメント理論とその実証研究を俯瞰する」数井みゆき・遠藤利彦
　　編著『アタッチメントと臨床領域』ミネルヴァ書房　2007 年　pp.22 – 58

5) 青木豊『乳幼児―養育者の関係性　精神療法とアタッチメント』　福村出版　2012
　　年

6) 森田展彰「児童福祉ケアの子どもが持つアタッチメントの問題に対する援助」数井
　　みゆき・遠藤利彦編著『アタッチメントと臨床領域』ミネルヴァ書房　2007 年
　　p.193

7) 奥山眞紀子「アタッチメントとトラウマ，アタッチメント対象の喪失」庄司順一・
　　奥山眞紀子・久保田まり編著『アタッチメント―子どもの虐待・トラウマ・対象喪失・
　　社会的養護をめぐって』明石書店　2008 年　pp.143 – 193

8) 繁多進『愛着の発達―母と子の心の結びつき』大日本図書　1987 年　p.79

第**9**章
乳幼児期の学びに関わる理論② 遊び

 **エクササイズ**　　自由にイメージしてみてください

あなたは子どもたちとどのような遊びをしてみたいですか？また、どのような
遊びが好きですか？

この章のまとめ！

学びのロードマップ

●第1節
　幼稚園教育要領には「遊びは、心身の調和のとれた発達の基礎を培う重要な学習」とされています。そもそも「遊び」とはなにかを説明します。

●第2節
　遊びは仲間と行うものですが、仲間関係がどのように発達するかを説明します。

●第3節
　遊びによって育まれる「社会性」について説明します。

●第4節
　遊びによって育まれる「道徳性」について説明します。

●第5節
　遊びによって育まれる「想像力」について説明します。

この章の なるほど キーワード

■**保育者がよき遊び手に**…保育者が最も大切にしていきたいのは、遊びのなかで子どもの育ちを援助することです。そのためには保育者自身がまずよき遊び手になってさまざまなことを楽しんでください。

幼稚園教育要領解説には、教師は「理解者」「共同作業者」「憧れを形成するモデル」「遊びの援助者」「精神的に安定するためのよりどころ」などの役割を果たすことが記されています。

第1節　遊びと学び ―子どもは遊びを通して何を学んでいるのか―

1.「遊び」とは

（1）遊びに関する理論

　ホイジンガ（Huizinga, J.）[*1] は、人間をホモ・ルーデンス、「遊ぶ人」だと命名しました。彼は遊ぶことを人間性の本質だと考えたのです[1]。またサットン＝スミス（Sutton-Smith, B.）[*2] は、遊びは進化の基本原理である多様性を生み出すものであり、子どもだけでなく、すべての人間の適応に役立つ機能をもつと論じました。

　人がなぜ遊ぶのかについては「余剰エネルギー説」「生活準備説」「反復説（人間の歴史的経験を遊びを通して繰り返す）」「カタルシス説（欲求不満や葛藤を遊びによって浄化して解決する）」など、さまざまな理論がありますが、人間と遊びとが切り離せないものであるということは確かなようです。

　では、「遊び」とはどのような性質をもつ活動なのでしょう。カイヨワ（Caillois, R.）[*3] は4つの要素と2つの極を組み合わせて遊びを概念化しました[2]。4つの要素とは、アゴン（競争）、アレア（運・偶然性）、ミミクリ（模擬）、イリンクス（眩暈）であり、2つの極とは、パイディア（即興的な遊戯性）、ルドゥス（努力や忍耐や技術を必要とする競技性）です。たとえば、多くの子どもが夢中になるブロック遊びは、ミミクリの要素とルドゥスの極との組み合わせであると考えられ、大人であれば精密な模型作りとなります。

　清水（1983）が遊び行動の定義として挙げるものは以下の4点です[3]。

> 1．遊びは、喜び、楽しみ、おもしろさを求める活動である
> 2．遊びは、自由で自発的な活動である
> 3．遊びはその活動自体が目的である非実用的な活動である
> 4．遊びは日常の現実経験に根ざしながら日常性を離脱した活動である

　大人はしばしば遊びを学びの手段として利用しようとしますが、それは遊びの本質にそぐわないことです。遊びがさまざまな面での発達を促すとしても、それはしっかりと遊んだことによる「副産物」なのです。

（2）遊びのなかで学ぶ

　乳幼児期は遊びが生活の中心であり、子どもたちは誰に教えられなくとも、興味をおぼえた身近な環境に自分なりに「遊び」という形でかかわっていき

*1
ホイジンガ（1872 －1945）はオランダの歴史研究者。代表的な著作は『中世の秋』『ホモ・ルーデンス』。

*2
サットン＝スミス（1924-2015）は遊びの意義を民俗学的な視点から広く研究しました。「遊びの逆は仕事ではない。抑鬱だ」という彼のことばは広く知られています。

*3
カイヨワ（1913 －1978）はフランスの思想家。哲学・人類学・社会学などに大きな影響を与えました。

ます。遊びのなかには計り知れない学びがあります。保育の心理学では「遊び」を、乳幼児の極めて著しい発達の源泉だととらえています。

乳幼児は、遊びのなかで主体的に人やものにかかわる経験によって、コミュニケーション能力や感情をコントロールする能力を高め、社会性を育み、また、世界に関する知識や理解を深めていると考えられます。

写真9－1　リレー遊びの途中で話合い

2. 遊びの発達

（1）子どもの認知発達と遊び

ピアジェは、認知発達の観点から、子どもの遊びを「機能的遊び」と「象徴的遊び」と「ルールのある遊び」の3つに分類しました（表9－1）。

表9－1　遊びの分類

機能的遊び	乳児期から見られる、身体感覚や運動の機能を働かせることを楽しむ活動。物をつかんで振る、ハイハイで進む、箱から物を引っ張り出すなど、それらが出来ること自体を楽しみ、また、それらの機能を使っているときの内臓や筋肉の感覚自体を楽しんで、その機能を繰り返す。機能的な遊びは象徴的遊びの出現にともない、減っていく。
象徴的遊び	イメージを楽しむ遊び。ふり遊び、見立て遊び、ごっこ遊びなど、幼児期にもっとも特徴的な遊びである。大人が（指示をしたり質問責めにしたり単に見張っていたりするのではなく）共に遊ぶことによって、象徴的な遊びはより活発に展開していく。
ルールのある遊び	複数で、ルールを理解し守ることによって成立する遊び。ピアジェはルールのある遊びは7歳から見られるとしたが、簡単な鬼ごっこや単純なルールのある遊びは、幼児期後期から楽しめる。

出典：J. ピアジェ（大伴茂訳）『遊びの心理学』黎明書房　1988年をもとに筆者作成

（2）さまざまな発達側面の総体としての遊び

子どもの遊びは、認知面だけでなく、言語、運動機能、社会性等の様々な側面が互いに関連しあって発達します。清水（前掲）は遊びの発達を図9－1のように図式化しました。

能力を発揮することが遊びの楽しみにつながっています。そのため、夢中で遊ぶためには、その活動がその子にとって簡単すぎるものではないということも大切なポイントとなります。簡単すぎる活動は遊びとしては楽しくないのです。

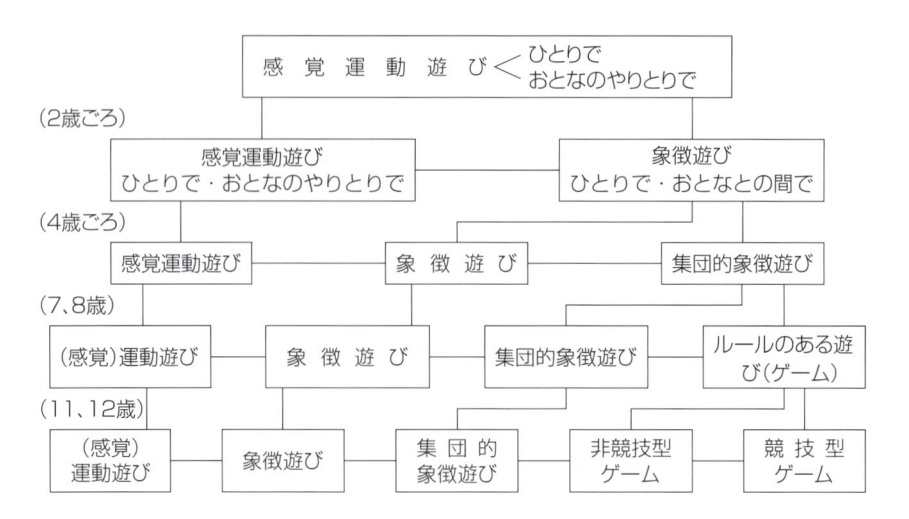

(2歳ごろ)

(4歳ごろ)

(7、8歳)

(11、12歳)

図9−1　遊びの発達構造図

出典：清水美智子「遊びの発達と教育的意義」三宅和夫他編『児童心理学ハンドブック』金子書房　1983
年 p.501

第2節　仲間関係の発達

1. 乳幼児期の仲間遊び

　パーテン（Parten, M. B.）の古典的な研究では、乳幼児の遊び場面での行
動が、社会性の発達との関連から、表9−2のように分類されています[4]。

　ひとり遊びは幼児期前期に多くみられますが、ひとり遊びをしているから
といってその子の発達が遅れているとは限りません。むしろ早熟な子が他児
と興味の対象を共有できずにひとり遊びを選択している場合もあります。

　平行遊びでは他児との直接的なやり取りはみられませんが、よく観察して
みると、場面と遊びを共有しつつ、それぞれの遊び方が互いの遊びを刺激し
ていることがあります。他児に興味を示していないのではなく、むしろ、お
互いが意識しながら直接的なやり取りには踏み出していない姿だと考えられ
ます。また、個別制作などの場面では平行遊びは年齢を問わず観察されます。

　連合遊びと協同遊びの境界線は明確ではありませんが、両者を分ける基準
は役割分担や目的を共有しているかどうかです。協同遊びは3歳以下ではほ
とんどみられません。協同遊びは、幼児期にみられる仲間遊びのなかではも
っとも組織化が進んだものといえます。

表9－2　パーテンによる遊びの分類

何もしない行動	その時々に興味をひかれたものを眺め、興味をひかれるものがなければ、何もせずにぶらぶらしている。
ひとり遊び	他の子どもがいてもあまり関心を示さず、やり取りすることもなく、玩具などで、一人で遊んでいる。
傍観者的行動	他の子が遊んでいるのをそばでみている。時には話しかけることもあるが、一緒に遊ぼうとはしない。
平行遊び	複数の子どもが近くにいて、同じような遊具を用いたり、同じような活動をしたりしているが、やり取りはない。
連合遊び	子ども同士でやり取りや会話をしながら遊びの場を共有しているが、「一緒に遊んでいる」ことを楽しみ、似たような行動を一緒にしている状態。厳密な役割分担は取れておらず、互いの遊びイメージがずれたままで、遊びが進行していることもある。
協同遊び	遊びの共通の目的やイメージのために子ども同士で話し合い、それぞれの子どもが仕事を分担し、異なる役割を果たすなど、組織的に動いて行う遊び。制作活動や劇遊びやゲーム遊びなどさまざまな形態を取る。リーダー的な役割を取る1～2名が遊びを指揮していくことが多いが、それに従う子も所属意識をもち目的やイメージを共有している。

出典：Parten,M.B.（1932）をもとに筆者作成

2. 仲間遊びで育まれる社会性

（1）仲間と楽しく過ごすために

　遊びは楽しさやおもしろさを追求する活動ですが、自分にとっての楽しさやおもしろさだけを追求していると、他者との間にいざこざが生じ、結果的には楽しさがそこなわれることがあります。かといって、いざこざを避けて相手の要求に従ってばかりでは、遊びは楽しくおもしろくはなりません。仲間と楽しく遊ぶためには、「社会性」が必要なのです。

　仲間と楽しく遊ぶためには、「イメージを共有する」「ルールを守る」「互いの考えを言葉で伝え合う」「交渉等の上手な自己主張ができる」「相手の立場に立って気持ちを推し量ることができる」「思い通りにならないことがあってもすぐに怒ったり泣き出したりしない（感情表出のコントロール）」などの能力や態度が必要となります。自分の考えに固執せず妥協策をさぐる態度や、問題点の解決方法を考える力などもあることが望ましいでしょう。

　遊びに必要なこれらの力は、遊びを通して育まれます。遊びのなかでいざこざを体験することはもちろん不快ですが、無意味ではないのです。楽しく遊べなかった場面を思い返したり、保育者のアドバイスを受けたりする経験を重ねながら、子どもたちは集団というものの特性を少しずつ知り、自己を省みてコントロールする力や他者の立場に立つ力を身につけていきます。

（2）仲間に受け入れられるには

　すでにほかの子どもたちが遊んでいる場に加わることを「仲間入り」と呼

びます。日本では「入れて」などの決まり文句を用いることが仲間入りの手順となっているため、子どもはまず、決まり文句を身につける必要があります。

　また、近づき方が侵入的である、共通のアイテムをもっていないなど、遊びのイメージにそぐわないために仲間入りを拒否されるケースもあります。有効な仲間入り方略とは、質問や観察によって遊びのテーマや枠組みを理解し、でしゃばらず、すでに展開されている遊びを壊さないように工夫しながら働きかけていくことだといわれています。仲間入りには緊張が伴いますが、ここでも相手の気持ちや状況を推し量る力が育っているのです。

（3）他児からの評価

　幼稚園や保育所といった、子どもたちの関係性が継続している集団においては、日々の生活や遊びをともにするなかで、子ども同士が互いの性質や行動特性を分析し対応しあうようになります。たとえば、それまでの関係の歴史のなかで他児から「すぐに怒る」「自分の意見をおしつける」といった見方をされるようになった子は、遊びに入れてもらえない、希望しない役ばかりを割り振られるなど、仲間との遊びが成立しにくくなることがあります。

　そうした状況において保育者の存在と行動は大きな意味をもちます。形だけの平和を押しつけることも、子ども同士の厳しいつるし上げや制裁を見過ごすことも、有効な解決法とはいえません。拒否された子どもに対しては、他児に受け入れてもらえない苦しさをともに感じながら、なぜそうなったのかを省みる手助けをすることが必要ですし、他児を受け入れられない子どもたちには、相手の痛みや、苦しみながら変わろうとしている努力に目を向けられるように援助していく必要があります。

　保育者のそうした姿勢に触れることで、子どもたちは直接的にも間接的にも他者を尊重することを学び、互いを認め合うように成長していきます。

第3節　遊びが育む心の発達① 社会性

1. 向社会的行動

　向社会的行動（prosocial behavior）とは、援助行動、分与行動、他者の苦痛に対する慰め等、他者の利益になろうとする自発的行動のことです。泣いている他児を慰めようとする行動は1歳代からみられますが、慰めが効果的であるとは限りません。成長とともに他者の置かれた状況を適切に判断す

る能力が高まると、効果的な向社会的行動が実行できるようになります。

　向社会的行動のきっかけはさまざまですが、一般に、4〜5歳児では相手への好意の表れや承認されたいという利己的な動機によることが多く、年齢とともに愛他的な（自らの利益よりも他者の福祉や正義を重んじる）動機がみられるようになります。なお、向社会的行動には個人差が大きいことが知られており、共感性*⁴の発達とも関連していると考えられています。

＊4
empathy。他者の感情を理解し、それと同様の感情を共有することです。

2. 自己制御

　自己制御（self-regulation）とは、自分の行動や感情を自律的に調節する働きのことです（第3章　p.47参照）。自己制御は、協同遊びを楽しむためには特に必要な力です。

　柏木（1988）は、自己制御機能を自己抑制と自己主張・実現とに分けて分析しました[5]。自己抑制とは順番を守ったり感情の爆発を抑えたりすることであり、自己主張・実現とは他児を誘って遊び始めたりいやなことを「いや」と言えたりすることです。日本の子どもの場合、自己抑制機能は年齢とともに順調に発達しますが、自己主張・実現機能の発達は幼児期後期に停滞を示すとされ、日本の文化的な発達期待の影響が指摘されています。自己主張・実現機能も大切な自己制御の働きであり、十全に伸ばすことが求められます。

3. 役割取得能力

　他者の気持ちを理解して行動するためには、相手の立場になって、自分がその状況に置かれたらどんな気持ちになるかを考えることが必要です。自分と他者とが別の存在であることに気づき、両者の視点を分けたうえで、他者の立場に立って、他者がどのように感じたり考えたりしているかを推論することを役割取得（role taking）または社会的視点取得（social perspective taking）といいます。幼児期にはその能力は部分的ですが、自分が似た体験をしたことがあったり、具体的にかみ砕いて説明されたりすることによって、少しずつ、相手の立場に立てるようになっていきます。

ふりかえりメモ：

....

4. レジリエンス

　レジリエンスとは、逆境に置かれて落ち込んだとしても、そこからしなやかに回復する過程、傷つきを乗り越えていくための心の働きをさす概念です。ストレスを感じないようにしたり、耐えたりはねつけようとしたりするのではなく、受け止めて乗り越える力であるといえます。レジリエンスは、環境的な要因（安定した人間関係とサポート）と個人内要因とが複合的に絡み合って発達します（コラム②　p.158 参照）。

　いろいろなものごとに興味や関心をもち、感情をコントロールし、前向きな考え方をすることが、レジリエンスを高めることにつながります。これらの要因はすべて「遊び」のなかに自然に入っています。他児とかかわるなかで、子どもたちはいろいろな刺激を受け、好奇心を広げていき、感情の調整を行います。そして、決められた結論や目当てがないからこそ、「次はどうしようか」と常に未来に向かうことができることが、遊びの大きな特質です。

第4節　遊びが育む心の発達② 道徳性

1. 道徳性の発達

（1）道徳と保育

　2018 年実施の保育所保育指針及び幼稚園教育要領、幼保連携型認定こども園教育・保育要領には、幼児教育を行う施設が共有すべき事項として、「幼児期の終わりまでに育ってほしい姿」が記載されています。そのなかの「道徳性・規範意識の芽生え」には、具体的な姿として、「友達と様々な体験を重ねる中で、してよいことや悪いことが分かり、自分の行動を振り返ったり、友達の気持ちに共感したりし、相手の立場に立って行動するようになる。また、きまりを守る必要性が分かり、自分の気持ちを調整し、友達と折り合いを付けながら、きまりをつくったり、守ったりするようになる」とあります。

　この姿は、小学校以降の道徳性の発達につながっていくものであると同時に、乳児期からの発達過程をふまえて理解されるべきものです。

（2）幼児期の道徳性の発達

　子どもは、社会のなかでお互いを尊重して生きていくために、社会的な価値観や多くの人々に共有されている行為の基準や規則・規範を学ばなければ

なりません。それらはすでに社会に存在しており、子どもは社会化の過程で、他者との関わりを通して、それらを自分のなかに取り込み、内化していきます。内化が進むと、子どもは、指示や監視を受けなくとも自らをコントロールし、自発的に価値観や基準に則した行動をするようになります。

こうした人格特性を道徳性と呼ぶならば、子どもたちは乳児期から幼児期前期にかけて、愛着関係の形成、社会的参照、大人による禁止や模倣や情動調整による適応的行動、向社会的行動、自己意識と二次的情動の発達といった過程において、身近な大人との関わりを通して、道徳性の基盤を身につけていくと考えられます。

幼児期後期になると、生活空間の広がりとともに、子どもたちはさまざまな他者や規則、価値観と出会い、ときにはジレンマを経験します。善きモデルの存在と規範意識の育ち、役割取得能力や自己制御能力の発達等に支えられて、子どもの道徳性は少しずつ自律的なものとなっていきます。望ましくない行動をモデルとしたり、自覚的に規範から逸脱したりするようなこともみられるかもしれませんが、そうしたときに、保育者は、子どもが自らの行為を振り返りその問題点に気づくことができるように働きかけていきます。

2. 道徳的判断の発達

（1）ピアジェの見解

ピアジェは、子どもが道徳的理解について2つの段階を通ると考えました。まず、5〜10歳ごろ、他律的道徳性の段階にある子どもは、規則を権威（神・親・教師など）に定められた絶対的なものとみなします。10歳ごろに自律的道徳性の段階に移行すると、規則を固定的なものととらえず、仲間との協同性のもとに改定できる社会的なルールと考えるようになります。

ピアジェはまた、道徳行動の本質は善悪の判断にあると考え、さまざまな例話を示し、子どもの答えを通して（臨床法）、善悪の判断の発達を調べました。

たとえば、お手伝いをしようとして（善い動機）たくさんのグラスを壊した子と、いたずらをしていて（悪い動機）1つのグラスを壊した子とでは、どちらがより悪いと考えるかを問うと、幼い子どもは年長児と比べて善悪を判断するときに動機よりも結果に注目しました。そのため、ピアジェは、子どもの認知的な道徳判断が、8〜9歳を境に、結果論（行為の結果による判断）から動機論（行為の動機による判断）へと移行すると結論づけました。

また、ピアジェは、ゲームの規則に関する子どもたちの理解や実行について観察し、①道徳判断をもたない無道徳の段階から、②自己中心的な理由により自分は規則を破ることがあるものの、周りの大人の判断を絶対視する他

律的な道徳の段階、③他者との関わりや周りの状況を考慮しつつ、自己の判断を重視する自律的な道徳の段階へと、道徳性が移行すると考えました。

　ピアジェの道徳発達理論は、子どもたち自身がより道徳的であろうとする能動的な哲学者的姿勢をもつという視点に立っています。子どもたちは受け身ではなく、仲間との協同活動を能動的に経験するなかで、自ら、認知能力や役割取得能力とともに道徳的認知判断を発達させていくという考えです。

（2）コールバーグの見解

　次にコールバーグ（Kohlberg, L.）[*5]の理論を紹介します[6]。コールバーグは、ピアジェの認知発達的な視点を引き継ぎ、道徳的判断の発達を研究しました。コールバーグの理論では、子どもは自分なりの道徳的な判断の枠組みをもち、その枠組みは発達段階によって質的に変化します。質的な変化が生ずるのは、子どもがもっている枠組みに矛盾や現実とのずれ（ジレンマ）を感じたときであり、ジレンマを解決しようと考える過程で道徳判断が発達するという理論です。コールバーグの理論では、道徳的判断の発達段階は3水準6段階となっています（表9-3）。

　コールバーグは被験者に道徳的ジレンマを含む物語を聞かせ、被験者がどう振る舞うことを道徳的であると考え、どのように理由づけをするかに着目しました。次頁に紹介するものは、コールバーグが用いた物語です。

＊5
コールバーグ（1927－1987）はアメリカの心理学者。認知発達論的な道徳性の発達を中心的な研究テーマとし、道徳教育の実践にも貢献しました。

表9-3　コールバーグによる道徳的判断の発達段階

水準	段階	概要
前慣習的水準	1.罰と服従への志向	苦痛と罰を避けるために、大人の力に譲歩し規則に従う。複数の視点を持ち道徳的ジレンマを感じることがまだ難しい。
前慣習的水準	2.道具主義的な相対主義志向	報酬を手に入れ、愛情のお返しを受けるような方法で行動することによって、自己の欲求の満足を求める。複数の視点を有することができるようになるが、「正しさ」の判断基準は利己的で直接的互恵性にのっとっている。
慣習的水準	3.対人的同調、「良い子」志向	他者を喜ばせ、他者を助けるために「良い（信頼できる、誠実な、役に立つ、素晴らしい）人」としてふるまい、それによって愛情や承認を得ることを願う。
慣習的水準	4.「法と秩序」志向	権威を尊重し、社会的秩序を自ら維持しようと考え、社会の構成員は等しく規則を守る義務があると信じこれを守る。
後慣習的水準	5.社会契約的な法律志向	法律と規則は共同体の一般的福祉のためにあると考える。他者の権利について考え、社会契約を志向し、法と多数者の意思によりつくられた基準には従う義務があると考える。
後慣習的水準	6.普遍的な倫理的原理の志向	実際の法や社会規則にのっとるだけでなく、正義について自ら選んだ基準とすべての人間の生命や各個人の価値と尊厳に対する尊重とを考慮し、自己の良心に恥じない行動をする。

コールバーグの物語 「ハインツのジレンマ」

> ヨーロッパで一人の女性がガンで死にかかっていた。ある薬を飲めば彼女は助かるかもしれなかった。その薬というのはラジウムの一種で、同じ町に住む薬屋が最近発見したもので、薬屋は、作るためにかかった10倍の値段の2000ドルの値をつけていた。
>
> 病気の女性の夫のハインツは、あらゆる知人からお金を借りてまわったが、薬の値の半分しか集められなかった。彼は薬屋に彼の妻が死にかかっていることを話し、薬を安く売るか、または後払いで売ってくれるように頼んだ。しかし薬屋は承知しなかった。
>
> ハインツは絶望的になって、妻を助けるために、薬屋の倉庫に押し入り、薬を盗んだ。
>
> ハインツはそうすべきだっただろうか。どうしてそう思うのか。

コールバーグが重視したのは、上の「ハインツのジレンマ」で説明するならば、薬を盗むか盗まないかといった結論ではなく、理由づけの内容です。この課題は、聞き手に、法律に従うことと個人の生きる権利や尊厳を重視することとの間のジレンマについて考えさせています。

第5節　遊びが育む心の発達③　想像力

1. 見立て遊び・ごっこ遊び　―象徴機能の芽生えと発達―

（1）「つもり」や「ふり」が組み合わさって「ごっこ」になる

ままごとでは、濡らした砂を握って団子に、泥水をカップに入れてコーヒーに、ちぎった花や葉を大きな葉に盛ってサラダに…というように、何かを現実にあるものの「つもり」として扱うこと（見立て）をして遊びます。

ままごとで団子の見立てができるためには、目の前に現実の団子がなくとも、団子を心のなかにイメージとして思い浮かべる（表象[6]）能力と、団子の表象を目の前にある現実の砂の固まりに置き換えて（象徴機能[7]）、心のなかで「団子のつもり」として操作できる必要があります。

象徴機能の芽生えは遊びのなかでは1歳前半ごろから見られます。ほかの子の遊びをじっとみていた子どもが、後から同じことをしてみるといった「延滞模倣」や、積み木を前後に動かして車とみなすような簡単な「見立て」や、鏡の前で口紅を塗る真似をするといった簡単な「ふり」などがその代表です。

＊6
representation。その実体が現前になくとも心のなかに思い描くことができるイメージのこと。

＊7
指示対象とは異なるシンボル（象徴）によって指示対象を代表する心の働きであり、言語活動の基盤でもあります。

見立てやふりは2歳ごろからは遊びのなかにさまざまな形で取り入れられます。初めのうちは単発で決まりきった出来事の筋書き（スクリプト＊8）を部分的になぞる形や、実体験で印象に残ったことを再現するような形ですが、3歳ごろには、見立てやふりを組み合わせて行う「ごっこ遊び」が始まり、次第に、ほかの子どもと一緒に言葉の力を利用して、想像による「ごっこの世界」を楽しむことができるようになっていきます。

3歳児はごっこ遊びのセリフをフレーズとして楽しんでいるように見えますが、4歳児は「〜らしい」言い回しを工夫するようになります。5歳児になると、ストーリー全体の構成を理解し、自分やほかの子がそこでどの役割をとっているかを明確に意識して計画しながら遊ぶようになります。

（2）ごっこ遊びのなかの学び

子どもたちがごっこ遊びのなかで学んでいることをまとめてみましょう。まず、日常生活の解釈と再現を行うためには、記憶力や推理・判断力といった知性が必要です。また、現実を離れて「ごっこ」の世界を生きるためには想像力が必要です。自分とは異なるものになることで、他の立場からものごとをみる経験ができていますし、言葉の力も社会性も必要です。

加えて、ごっこ遊びを展開していくためには多種多様な力が必要とされます。たとえば、現実を手がかりとしながらも豊かなイメージを膨らませる想像性、衣装や小物にイメージを刺激されつつその役に「なりきって」表現する力、仲間の「つもり」を相手の身になって推測する能力、互いのイメージの食い違いに気づいて調整する能力、さまざまな限界を受け入れてストーリーに組み入れていく柔軟性などです。ごっこ遊びは機会を得られれば小学生になってからも続き、より精緻な筋書きをもった物語世界が形成されます。

2. さまざまな個性とごっこ遊び

中沢（1979）は、ごっこ遊びには、彼女が「図鑑型」と呼ぶ系譜（3歳児のお店ごっこに始まり、カタログや図鑑を参照しながら、写実的な乗り物ごっこや宇宙ごっこ、博物館ごっこといった写実性の高い形態をとるようになる）と、「物語型」と呼ぶ系譜（筋書きや登場人物の個性を描き出すことを楽しみ、劇的な要素が多い遊び方）があると分析しました[7]。

そこに、役柄になりきって演技力を示す「（見立て）表現型」の子どもたちが加わると

写真9−2　闘牛士と牛になって

き、それぞれの個性が生かされ、互いの特色を認め合った協同のごっこ活動が展開します。物語型が脚本と演出を、図鑑型が装置と効果を、(見立て)表現型が演技をそれぞれ牽引して協力し合い、互いの特色を取り入れあって総合的で充実したごっこ遊びが生まれるのです。

　保育者のイメージするごっこ遊びが、見立てて表現することにとどまり、子どもにそうした活動だけを促すとき、図鑑型の子は遊びに乗らない周辺児・孤立児とみなされ、物語型の子は口うるさい干渉タイプ・仕切り屋というレッテルを貼られかねません。それぞれの子どもたちのイメージの膨らませ方を理解し尊重できる保育者がいることが、ごっこの質を高めるとともに、子ども同士の尊重や特性の理解、協力する姿勢を育んでいきます。

❸. ファンタジーが生まれる

　想像力は経験に裏打ちされ、想像力をもつことで経験は豊かな彩りを帯びます。このように考えると、想像力とは豊かに生きることを可能にする力であるといえるでしょう。初期のごっこ遊びは現実世界を切り取ったものですが、幼児期の終わりごろには、自分たちで前提や筋書きを考え、冒険活劇や再生物語などを組み込んだファンタジーが構成されるようになります。何日もかけてごっこ遊びのために準備を整え工夫をするようになったり、語りや遊びのなかで「よりおもしろい筋書き」を考えて修正したり、当番活動のために遊びを抜けた仲間を「重要な使命のために本部に戻った」などと位置づけたりするようになるのもこのころです。

　同時にまた、幼児期後期の子どもたちは、ごっこと現実とを区別したうえで両者を行き来して楽しんだり、自分のなかにもう一人の自分を住まわせたり、夢や架空の世界に自分を置き、世界の二重性を味わいながら退屈や困難を乗り越えることができるようになります。エピソードをみてみましょう。

　Nは物語タイプ、Tは図鑑タイプの子どもです。表現や内容は違っても、どちらも豊かな想像の世界を楽しみ、生活の彩りとしながら、生きる力を得ていることがわかります。ファンタジーの世界は精神世界を奥行きあるものとし、適応と幸福感にも一役買っているのです。

ふりかえりメモ：

🪶 エピソード (1)

　ある日、5歳女児Nの母親は忙しく家事をしていました。Nは、絵手紙（写真9-3）を見つかりそうな所にわざと隠しました。気づいた母親が手に取り、「だれかわからないあなたへ」という宛先と自分の似顔絵が記された表紙（写真左）を開くと、手紙と手書きのスタンプが現れました（写真右）。

　Nは忙しい母親に対して「遊んでよ」とか「つまらない」ということは言いたくなかったのでしょう。また、そんなことを口にしたらつまらない気持ちが増すだけだということもわかっていたのでしょう。遊び部屋に人形たちを並べ、ままごと道具でパーティーの支度をして、手づくりの王冠をかぶったNは、招待状に気づいた母親が顔をだすのをワクワクしながら待っていました。

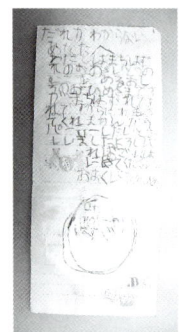

写真9-3　Nの手紙

🪶 エピソード (2)

　写真9-4は、同じく5歳の男児Tがやはり母親に向けて作成した絵手紙です。「りこう（旅行）にいこう」と書かれたそばには、運転手の「出発進行」という発声で走り出した江ノ島電鉄が描かれ、「うらをみてね」「めくってみてね」とあり（写真左）、めくるとそこには鎌倉の市街地をいろいろな乗り物が走っている絵が現れます（写真右）。最後のページは何両も続く江ノ島電鉄と「やっとついた」というセリフで締めくくられ、乗り物ばかりが描かれたカードのなかで、Tは母とともに旅行に行き、旅行を終えた満足感にひたっています。

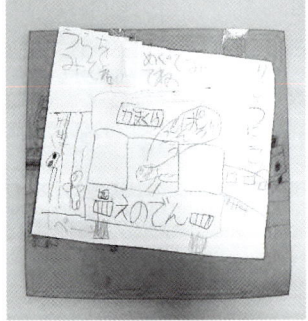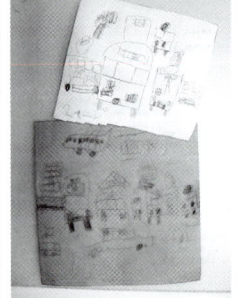

写真9-4　Tの手紙

🦵. 保育者との関わりのなかで育つ

　本章では主に子ども同士の遊びをみてきました。しかし、遊びをつくるのは子どもだけではありません。遊びが発展するか否か、イメージが膨らみ共有されるかしぼんでいくかは、保育者の援助に大きく左右されます。

　保育者が存在する最大の意義は、遊びのなかで育ちを援助することにあります。子どもたちの発達をふまえ、将来のあるべき姿を考えながら遊びをみつめて援助できる保育者となるためには、広い視野と繊細な感覚をもつことが必要です。長期的な発達の見通しをもち、日々の保育のねらいを考え、保育のなかでの自分の存在の意味をたえず考えていなければなりません。

　遊びのなかで子どもたちが仲間と楽しくかかわれるかどうか、互いの個性を認め協力しあう関係をつくれるかどうかは、保育者のモデルとしての言動や、子どもの個性を認め伸ばそうとする態度の影響を大きく受けます。

　家庭との配慮ある連携も重要です。いざこざの当事者になりやすい子に関しても、保育者が子ども一人一人の育ちを支えつつ、エピソードを通してその子をどう理解し、どう変化をとらえているのかを保護者に伝えることが大切です。そうすることによって、保護者も家庭での姿を話してくれるようになり、ともに子ども理解を深めることができます。

　最後に、保育者には、自身がよき「遊び手」であることが求められるということを確認しておきたいと思います。子どもにとって遊びは大切な学習の場です。しかし、子どもを「学ばせるために遊ばせる」という意識では広がりのある豊かな遊びを支えることはできません。

　子どもたちはおもしろくて楽しいから遊ぶのであり、もっとおもしろく、もっと楽しくと追求することが学びになります。その楽しさやおもしろさに共感し、ときにはモデルとなって遊びを深めていく、そうした援助のできる保育者が子どもを育てるのです。

  演習課題

Q さまざまな場面で子どもたちの遊び場面を観察してみましょう。公園等で保護者の監督下で遊んでいる子どもと、保育者のいる場での子どもとでは、遊びの内容や他児とのやり取りに違いはないでしょうか。

ホップ　あなたの考えたこと、気づいたことを箇条書きにしてみましょう。

....

....

....

ステップ　考えたことをもとに周りの人と話し合ってみましょう。

....

....

....

ジャンプ　話し合ったことを参考に、自分なりの考えを文章にまとめてみましょう。

....

....

....

●発展的な学びにつなげる文献
・中沢和子『イメージの誕生―0歳からの行動観察』日本放送出版協会　1979年
　保育に造詣の深い著者が、具体例をあげながら「遊び」のなかでの発達を解説します。時代を超えて多くを考えさせられる著作です。

・内田伸子『ごっこからファンタジーへ―子どもの想像世界』新曜社　1986年
　平易ななかにも深い含蓄のある内容で、目にみえにくい想像する力を解き明かします。

【引用文献】
1）ヨハン・ホイジンガ（里見元一郎訳）『ホモ・ルーデンス ―文化のもつ遊びの要素についてのある定義づけの試み―』講談社　2018年（Johan Huizinga, *Homo Ludens : A study of the play element in culture,* New York : Harper & Row 1939（1970））p.1
2）ロジェ カイヨワ（多田道太郎・塚崎幹夫訳）『遊びと人間』講談社　1990年（Roger Caillois, *Les Jeux et les Hommes（Le masque et le vertige）, edition revue et*

augmentee. Gallimard,1967, pp.67 - 81

3）清水美智子「遊びの発達と教育的意義」三宅和夫編『児童心理学ハンドブック』金子書房　1983 年　p.497,501

4）Parten, M. B., *Social Participation among pre-school children. Journal of Abnormal and Social Psychology*, 27, 1932, pp.243 - 269

5）柏木惠子『幼児期における「自己」の発達―行動の自己制御機能を中心に』東京大学出版会　1988 年　p.23

6）L. コールバーグ（永野重史監訳）『道徳性の形成：認知発達的アプローチ』新曜社 1987 年　p.49

7）中沢和子『イメージの誕生 ―0 歳からの行動観察』NHK ブックス　1979 年 pp.168 - 170

【参考文献】

Sutton-Smith, B., *The Ambiguity of Play*, London: Harvard University Press 1997.

J. ピアジェ（大伴茂訳）『遊びの心理学』黎明書房　1988 年（Piaget,J., *La formation du symbole chez l''enfant*. Delachaux & Niestle. 1945.）

倉持清美「就学前児の遊び集団への仲間入り過程」『発達心理学研究』5　1994 年 pp.137 - 144

倉持清美・柴坂寿子「クラス集団における幼児間の認識と仲間入り行動」『心理学研究』 70　1999 年　pp.301 - 309

N. アイゼンバーグ（二宮克美・首藤敏元・宗像比佐子訳）『思いやりのある子どもたち： 向社会的行動の発達心理』北大路書房　1995 年

小花和 Wright 尚子『幼児期のレジリエンス』ナカニシヤ出版　2004 年

M. W. フレイザー編（門永朋子・岩間伸之・山縣文治訳）『子どものリスクとレジリエンス ―子どもの力を活かす援助』ミネルヴァ書房　2009 年

J. ピアジェ（大伴茂訳）『児童道徳判断の発達：臨床児童心理学』同文書院　1954 年

永野重史編『道徳性の発達と教育：コールバーグ理論の展開』新曜社　1985 年

内田伸子『ごっこからファンタジーへ―子どもの想像世界』新曜社　1986 年

内田伸子『想像力の発達―創造的思考のメカニズム』サイエンス社　1990 年

謝辞
　園庭での遊びを撮影し、資料として掲載することを許してくださった板橋区立加賀保育園の小野寺ときえ園長（当時）と、協力してくださった園スタッフ及びひまわり組（当時）のみなさん、また、幼児期に書いた絵手紙を資料として掲載することを許してくださったNさんとTさんに心より感謝いたします。ありがとうございました。

コラム　ココロのイロイロ③

子どものレジリエンスを育むには

　人は成長する過程でさまざまな困難に直面します。その困難によって精神的に不健康な状態に陥る人もいれば、困難から生じる落ち込みを乗り越え、健康的に過ごす人もいます。困難な状況に人が適応する力に注目し、研究されてきたのがレジリエンスです。

　レジリエンスは、「回復力」「弾力性」と訳され、「困難で脅威的な状況にもかかわらず、うまく適応する過程、能力、結果」（Masten et al., 1990）を表す概念です。レジリエンスには、個人内要因と環境要因の両方が複雑に関連していることがわかっています。小塩ら（2002）は、さまざまなことに興味・関心をもち、感情をコントロールし、前向きであること（「新奇性追求」「感情調整」「肯定的な未来志向」）が精神的な回復をもたらすと考えました。平野（2010）は、感情をコントロールし、ポジティブな気持ちをもち、周囲のサポートを得る力（「楽観性」「統御力」「社交性」「行動力」）や、自分と他者の心理を理解し、問題を解決し立ち直っていく力（「問題解決志向」「自己理解」「他者心理の理解」）がレジリエンスに関連しており、前者はもって生まれた気質と関連が強く、後者は後天的に身につけやすい力であると考えました。また、環境要因としては、養育者との関係、周囲からのサポートなどがあることがわかっています。

　子どものレジリエンスを高めるためには、保育者は子どもたちが生活や遊びのなかで新しいことにチャレンジし、感情を制御する力や他者を理解する力、問題を解決する力を十分育てられるように働きかけるとともに、保護者を理解し、保護者と子どもの関係を支えていくことが大切だといえるでしょう。

竹のようにしなやかに♪

【参考文献】

平野真理「レジリエンスの資質的要因・獲得的要因の分類の試み－二次元レジリエンス要因尺度（BRS）の作成」『パーソナリティ研究』19　2010 年　pp.94 － 106

Masten,A,S., Best,K.M., & Garmezy,N. *Resilience and development: Contributions from the study of children who overcome adversity. Development and Psychopathology* 2 1990,　pp.425 － 444

小塩真司・中谷素之・金子一史・長峰伸治「ネガティブな出来事からの立ち直りを導く心理的特性－精神的回復力尺度の作成－」『カウンセリング研究』35　2002 年　pp.57 － 65

第10章
乳幼児期の学びの過程と特性

エクササイズ　　**自由にイメージしてみてください**

赤ちゃんはなんでも口に入れてみようとします。それは一体なぜだと思いますか？

この章のまとめ！

学びのロードマップ

● 第1節
乳幼児期の学びの過程について説明します。これまでに本書で学んだ心理学の考え方を、学びという視点でとらえ直してみましょう。

● 第2節
乳幼児期の学びの特性について説明します。乳幼児の学びは一見見えにくいものですが、「自ら学ぼうとする」「他者と関わりながら学ぶ」「見てさわって体験して学ぶ」といったポイントがあります。

この章の なるほど キーワード

■ **非認知能力**…読み書きや知識などの認知能力に対して、「目標や意欲、興味・関心をもって、粘り強く、仲間と協調して取り組む力や姿勢」をさします。日本では「心情・意欲・態度」という言葉でずっと大切にしてきました。

子どもの学びについて
深めていきましょう。

第1節　乳幼児期の学びの過程 ......

1. 乳幼児期の学びとその始まり

これまでに学んできたことをおさらいしながら解説していきますよ。

　本書の第8章と第9章では、乳幼児期の学びに関わる理論として、愛着と遊びについて取り上げました。では、そもそも「乳幼児期の学び」とはどんなことを指すのでしょう。「学び」と聞くと日常生活で言う「(教科)学習」「勉強」などの言葉が連想されるかもしれません。しかしすでに見てきたように、乳幼児期の子どもたちは、愛着関係を基盤とし、遊びを通して実にさまざまなことを学んでいます。

　「(遊びに)いれて」「かわって」という言葉も、第3章で見た自己制御や情動調節、第4章の運動機能も遊びや日々の生活全般を通して学んでいるのです。すなわち、「乳幼児期の学び」とは、机でする「学習」や「勉強」をはるかに超える広い意味をもっています。離乳食の時期に新しい食材に慣れることも、硬くて光る泥だんごを作るコツを友達のやり方を真似たり自分で試行錯誤したりして見つけていくことも、すべて乳幼児期の子どもたちの「学び」にほかなりません。

　では、乳幼児期の「学び」と、第5章の学習理論で見た「学習」との関係はどうでしょうか。心理学では「学習」を「経験によって生じる比較的永続的な行動の変化」と定義します。新しい食材に慣れることも泥だんごの作り方も、経験を通して身につくわけですから、これらの変化を心理学用語の「学習」と置き換えても差し支えはないのですが、「乳幼児期の『学び』」という言葉はむしろ「成長」や「発達」に近いニュアンスをもっています。

　第1章で見たように、発達は遺伝と環境の双方が相乗的に作用し合って進む変化です。言葉を話したり二本足で歩いたりする人間共通の遺伝的なしくみや気質など生まれもった個性と、一人一人の子どもが日々の生活や遊びを通して得た経験とが複雑に絡み合って生じる変化が、「乳幼児期の学び」なのです。

　さて、そのような学びは実は、胎児期にすでに始まっています。お母さんのおなかにいる赤ちゃんは、日々お母さんが話す時の振動を通して、母語となる言葉のリズムを学んでいます。そしてその経験が、生まれてから言葉を効率よく獲得していくことにつながっていると考えられています。

2. 誕生から1歳頃の学び

　ベビーベッドに「ねんね」している赤ちゃんから見えるところに、モビー

ルが吊るしてあるのを見たことがありますか。赤ちゃんはただぼんやりとそのモビールを見ているように思われるかもしれませんが、注意深く観察してみましょう。きっと、赤ちゃんはじっとそれを見つめたり、モビールが風で動くと手足をバタバタさせ、声を上げて動きのおもしろさを味わったりすることでしょう。

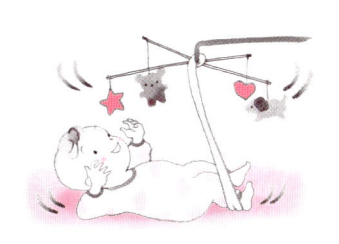

　このモビールを使って生後数か月の赤ちゃんの学びを観察した実験があります[1]。ベビーベッドの上に吊り下げたモビールと赤ちゃんの片方の足首をリボンで結び、足を動かすとモビールが動くしかけを作りました。生後3か月の活発な赤ちゃんであれば、通常1分間に5〜10回動かしますが、リボンと足首を結びつけるとその回数は2倍に増えたそうです。赤ちゃんは自分が足を動かすとモビールが動くしくみをすぐに見抜き、モビールを動かそうと盛んに足をバタバタさせたのです。この実験は、赤ちゃんがモビールと足の動きの関係を学習することができる能力を示しているだけでなく、モビールという環境に自ら積極的に働きかけるという赤ちゃんの能動性を明らかにしています。

　また、第3章で見た「人見知り」は、自分に応答的な関わりをしてくれる特定の他者と、なじみのない他者との違いがわかるからこその反応です。人見知りをして泣かれるとがっかりするかもしれませんが、それは赤ちゃんの学びの力の表れなのです。

　さらに第5章でピアジェ（Piajet,J.）が、生まれてから2歳頃までの時期を、感覚と運動の組み合わせによって外界を知る「感覚運動期」と呼んだように、赤ちゃんは目にした物をつかみ、手にした物を口にもっていく運動と、それによって得られる触覚や聴覚、味覚などの感覚を通して、自分を取り巻くさまざまなものやその性質を学んでいきます。ガラガラは振ると音がして口に入れると固い感触がします。ガーゼのハンカチは柔らかくて振ってもガラガラのようには音がしません。よく見られる赤ちゃんのあの行動は、ただなんでも単純に口に入れて遊んでいるのではなく、まさに"ただ今、学びの真っ最中"なのです。

　寝返りやはいはいなどで移動ができるようになると、探索活動が活発になります。探索活動もまたこの時期の学びの特徴的な姿です。寝返りを繰り返して移動する頃は興味深いモノを偶然見つけることが多いのですが、お座りができるようになって目線が高くなり、はいはいで移動ができるようになると赤ちゃんは大いに能動性を発揮して身の回りの物に働きかけます。家庭では、ティッシュペーパーをはじめとしていろいろな物を引っ張り出し、散ら

かしてくれる時期ですが、これもまた乳児期の学びと言えるでしょう。

⒊ 1歳から3歳未満の時期の学び

　1歳頃、歩けるようになると探索活動はますます活発になります。親指と人差し指で小さな物をつまむなど手の使い方も巧みになってくるので、めくったり外したりするなど手を使って外界を知る学びが増えてきます。大人には、「いたずらが増えた」と感じられますが、乳児期の探索活動の始まりと同様に、子どもの学びの広がりでもあります。

　言葉については、初語から一語文、二語文、多語文へと発達し、身近な人との言葉のやりとりを楽しむようになります（第6章参照）。同時にイメージを描く力と、自分でやりたいという意欲が高まってきますが、自分がやりたいと思ったことを自分一人でやり遂げたり、的確な言葉にして伝えたりすることは、この時期の子どもにとってまだまだ容易なことではありません。「イヤイヤ」「だだこね」は、そのもどかしさの表現です。子どもはその気持ちを周囲の大人に受けとめてもらいながら、食べたり着替えたり、言葉で伝えたりして、自分のできることを増やしていきます。

　1歳半頃からのイメージを描く力、すなわち象徴機能の発達は、感覚運動的な遊びから見立て遊びへと遊びを大きく広げていきます。よちよち歩けるようになった子どもが積木を手に、お父さんのひげそりの真似をしているとしましょう。お父さんがひげをそっている隣でその真似をするのと、お父さんが出かけた後の洗面所で真似をするのとでは、後者の方がハイレベルな真似です。モデルが目の前にいなくても真似ができているからです。それは、お父さんがひげをそっている時のイメージを思い浮かべることができるから可能になることであり、このような真似を延滞模倣（遅延模倣）と呼びます。また、それは自分をお父さんに見立てている見立て遊びでもあり、1歳半から2歳頃のごっこ遊びはこのような身近な人の真似から始まります。そして、直方体の積木を車に見立てたり、砂を食べ物に見立てたりしながら、子どもは遊びをより複雑なものへと変化させ、遊びを通してさまざまなことを学んでいきます（第9章参照）。

⒋ 3歳から就学前の時期の学び

　子どもは赤ちゃんの頃から、ほかの子どもに関心を向けます。じっと見つめたり喃語を発したりします。歩けるようになると近づいて行って関わろうとするのですが、「イッショニ　アソボウ」と言葉で表現することはまだでき

ないし、力加減が難しいので相手に痛い思いをさせてしまったり、おもちゃの取り合いになってしまったりします。しかし、3歳頃になると子ども同士での言葉でのやりとりが盛んになり、世界を共有することができるようになっていきます。友達と関わる喜びや楽しさを知ることそのものが、この時期の子どもの大切な学びです。

4歳頃になると、さらに友達との関わりが盛んになる一方で、けんかも増えてきます。しかし、けんかは子どもにとって多くのことを学ぶチャンスです。自分の気持ちを抑えたり、自分の気持ちを他者に伝えたりすることもけんかや葛藤経験を通してできるようになることです。そして、決まりの大切さに気づき、守ろうとするようになり、5歳頃には、遊びを発展させ、楽しむために、自分たちで決まりを作ったりします[2]。また、自分なりに考えて判断したり、批判する力が生まれ、けんかを自分たちで解決しようとするなど、お互いに相手を許したり、異なる思いや考えを認めたりといった社会生活に必要な基本的な力を身につけていきます[2]。

また、3歳頃には食事、排泄、睡眠、着脱衣、清潔など基本的生活習慣もほぼ自立できるようになります。本来、子どもは「自分でやりたい」という気持ちをもっていますが、自立とは、一直線状に発達するものではなく、行きつ戻りつしながら、らせん状に進んでいきます。年中や年長になっても、時には身近な大人に「やって」と頼み、スキンシップを求めるなど、甘えながら次第に自立の方向へと向かっていくものなのです。　エピソード1から考えられるように、できる友達をモデルに自分もがんばろうと挑戦したり、

エピソード（1）　水中レンジャー、すごいなぁ

　夏の終わり、今日はH保育所のプールじまいの日です。年長組は4人ずつプールの両端に渡したロープを伝いながら水中を移動する"水中レンジャー"になって、水に浮かべられたペットボトルを取りに行きます。ペットボトルには保育園のプールでいろいろなことにチャレンジしたごほうびの表彰状が入っているのです。泳ぎが得意なT君の時、先生が「T君はいろいろな泳ぎ方を工夫して、これはT君しかできない泳ぎです」と言うと、周りのみんなが「すごいなあ」と拍手をしました。プールサイドの子どもたちは、お互いのこの夏のがんばりを認め合うような笑顔で、友達の"水中レンジャー"を応援しています。そして、その様子を反対側のプールサイドに座る年中組が「年長さんはすごいなあ」「来年は自分たちもがんばるぞ」とあこがれのまなざしで見ていました。

友達のがんばりを応援したりする気持ちも、この時期の子どもたちの大切な学びです。このような経験の積み重ねが、2017（平成29）年告示の保育所保育指針、幼稚園教育要領、幼保連携型認定こども園教育・保育要領で示された「育みたい資質・能力」の「心情、意欲、態度が育つ中で、よりよい生活を営もうとする『学びに向かう力、人間性等』」につながると考えられます。

5. 生涯の学びの基礎となる「非認知能力」

　近年、保育・教育において「非認知能力」が世界的に大きな注目を集めています。OECD（経済協力開発機構）などが提唱した概念で、「社会情動的スキル」とも呼ばれます。読み書きや知識、思考力など知的な「認知能力」に対し、「非認知能力」とは「目標や意欲、興味・関心をもち、粘り強く、仲間と協調して取り組む力や姿勢が中心になる」[3]能力です。

　保育所保育指針、幼稚園教育要領、幼保連携型認定こども園教育・保育要領には、「非認知能力」や「社会情動的スキル」という用語は書かれていませんが、この改定(訂)で初めて示された幼児教育において「育みたい資質・能力」や「幼児期の終わりまでに育ってほしい姿」にその考えが反映されています。

　近年急速に蓄積されてきた数多くの「非認知能力」に関する研究によれば、幼児期から小学校低学年ごろにかけて発達する能力であることがわかってきました。さらに具体的にいえば2〜3歳と、幼児期後半の4〜5歳の時期に大きく発達すると言われています[4]。そして、「非認知能力」が培われるさまざまな要因のうち、最も主要な要因として「アタッチメント」（愛着）が挙げられています[5]。すなわち、「非認知能力」は乳幼児期を通して育まれる能力なのです。

　しかし、「非認知能力」は全く新しい概念というわけではありません。日本の保育・幼児教育はずっと以前から「心情・意欲・態度」を育てることを大切にしてきました。これは「非認知能力」のかなりの部分に重なっています。「非認知能力」はこれらに加えて、粘り強く、挑戦し続ける姿勢を加えたものと考えてよいでしょう。そして、これまでこのような姿勢や能力は、生まれもった気質に大きく影響を受ける個性と考えられがちでしたが、「社会情動的スキル」とも呼ばれるように、「スキル」すなわち技能として学習、学ぶことが可能な能力であるとされています。さらに「目標や意欲、興味・関心をもち、粘り強く、仲間と協調して取り組む力や姿勢」[3]である「非認知能力」は、生涯の学びを支える基礎、原動力となり、乳幼児期の学びの過程のなかで育まれるものなのです。

第2節　乳幼児期の学びの特性

1. 自ら学ぼうとする

　赤ちゃんは一見無力な存在に見えますが、実験でさまざまな視覚的刺激図形を見せると、単純な図形より複雑な図形、静止した刺激より動く刺激を好み、ある刺激を見飽きるまで見せると新規な刺激に対して積極的な反応を示すことがわかっています（第4章）。赤ちゃんは決して受身な存在ではなく、生得的な好奇心をもって生まれてくるのです。

　先に挙げた探索行動も、子どもが好奇心を発揮して自ら環境に働きかけて外界を知ろう、学ぼうとする姿勢の表れです。這って、歩いて物に近づき、なめたり触ったりして知り、確かめます。そして不安を感じた時には、愛着の対象である「安全基地」に戻りながらも、また探索活動に出て自分の知っている世界を広げていきます。

　2歳前後から見られる「じぶんで！」「○○ちゃんが！」という自己主張も、自我の育ちであると同時に、自ら学ぼうとするエネルギーの表れです。たくさんこぼすことになっても、自分でコップやスプーンをもって飲んだり食べたりしたいし、左右が逆になっても自分で靴を履きたいのです。この「自分でやりたい」「できるようになりたい」という意思を周りの人たちが受けとめることによって、子どもの自ら学ぼうとする意欲が育まれていきます。

2. 他者と関わりながら学ぶ

　ヒトの赤ちゃんは、生まれた直後から身の回りのさまざまな存在のなかからヒトの顔や声に注目します。第4章のファンツ（Fantz,R.L.）の実験のように、同心円や赤や黄色のような目立つ色よりも顔の絵に注目するのです。なぜでしょうか。

ふりかえりメモ：

「生理的早産」と表現されるように未熟な状態で生まれるヒトの赤ちゃんは、誕生後にさまざまなことを学ぶ必要があります。動物に比べると未熟な状態で生まれるおかげで、さまざまな環境に適応して生きることができるわけですが、人の赤ちゃんは自ら学ぼうとする力をもとに、周りの他者との関わりを通して学ぶべきたくさんのことを身につけていきます。だからこそ、周りの他者、すなわちヒトの顔や声に注目するような特性をもって生まれるのです。ベビーベッドのそばにおかれたぬいぐるみやオルゴールに注意を向けていても、情動や言語などは発達しないでしょう。

　そして、赤ちゃんは周囲の大人との信頼関係、愛着（第8章）を基盤として心も体も成長していきますが、次第に子ども同士の関わりも学びに欠かすことのできない存在となります。第9章でみたように、子どもは遊びを通して本当にたくさんのことを学びます。その豊かな遊びは、大人が「遊んであげる」遊びよりも子ども同士がつくり出す遊びから広がっていくものなのでしょう。そのような子ども同士の遊びの原点は、次のエピソード2のように他者と「同じ」であることを喜ぶ心性から発しているように思います。

✒ エピソード (2)　「いっしょ！」を喜ぶふたり

> 　Ｋちゃんはもうすぐ2歳。ある日の夕方、保育所におうちの人が迎えに来て、靴を履こうとした時、同じクラスのＳちゃんがＫちゃんの黄色い靴と色違いのピンクの靴を履いていることに気づき、Ｋちゃんは「いっしょ！」と声を上げました。

　友達が遊んでいると、自分もやってみたくなります。トイレだってそうです。友達がおまるに座っていると、自分も座ってみたい気がしてきます。まして、おむつではなく「おにいさんパンツ・おねえさんパンツ」とも呼ばれる布パンツを脱いでトイレに行く少し大きな友達はとても格好よく見えます。

　こうして、情動調節も言葉も排泄の自立も、子どもたちは他者との関わりを通して学んでいくのです。

❸.　見てさわって体験して学ぶ

　先にも挙げたように、ピアジェ（Piajet,J.）（第5章　認知の発達）は、生まれてから2歳頃までの時期を、感覚と運動の組み合わせによって外界を知る「感覚運動期」であるとしました。子どもの知的な学びは、目にした物を

つかみ、手にした物を口にもっていく運動と、それによって得られる触覚や味覚などの感覚からスタートします。

　自分の身体と周りのものとの区別についてもそうです。生後2～3か月頃、赤ちゃんは自分のこぶしをじーっと見つめていることがあります。「ハンド・リガード」という行動で、自分の身体と動きとの関係を確かめているようです。7か月頃になると、自分の手や時には足の指先もしゃぶります。そのように、自分の手足を口に入れた時の感覚とガラガラなど身の回りのものをなめた時との感覚の違いを通して、赤ちゃんは自他の区別を学んでいきます。

　もう少し大きくなると、子どもは手を洗ったり水遊びをしたりしながら、水の量や水流の勢いによって、水は軽かったり柔らかかったり、重かったり時には痛いほどに感じられたりと、水のさまざまな性質を体験しています。色水遊びでは混色の変化を発見し、運動会の玉入れの前、一人二つずつ玉を手にして数を意識します。

　知的な学びに限らず、乳幼児期の学びの多くは直接的な経験を通して感じられる五感、身体感覚を通して得られるものです。この世に誕生してからの経験も語彙も少ない子どもたちは、話を聞いたり映像を見たりして間接的に学ぶ能力はまだ十分ではありません。友達といざこざにならずに楽しく遊ぶための方法も、いざこざの直接体験があってこそ、学べることです（第9章）。「思いやりの気持ちをもちましょう」、そう大人が言えば思いやりの心が育つわけではないでしょう。

✒ エピソード (3)　3人でゴール

　　もうすぐ運動会。今日は近くの公園に行って、縦割りグループの競技の練習をします。年中組のD君は広い公園で練習するのがとても楽しみで、年少のLちゃんの手を引っ張っていくうちに、Lちゃんが転んでしまいました。Lちゃんは転んですりむいた足の痛みと肩にかけていたお気に入りの水筒に傷ができた悲しみで大泣きし、なかなか泣き止みません。D君はこわばった表情でLちゃんを見つめ、さらにそんな2人を年長のMちゃんが口を一文字に結んで見ていました。そして、運動会当日。縦割りグループの障害物走では、Lちゃんをまんなかに手をつないで笑顔でゴールする3人の姿がありました。

　保育者には、さまざまな体験を通して子どもたちが学べる環境を構成し、時にはけんかやエピソード3のように子どもが葛藤したり悲しんだりする心に寄り添って、子どもの学びを支えていく使命があります。

 **演習課題**

Q 本書の「第3章 社会情動的発達」から「第6章 言葉の発達とコミュニケーション」までのエピソードを、「乳幼児期の学び」という視点で読み直して、子どもがその経験からどのようなことを学んだのかを考えてみましょう。

ホップ 自分の体験やこれまで見た子どもの様子から、乳幼児が自ら学ぼうとする姿、他者との関わりを通した学び、直接体験による学びのエピソードを挙げてみましょう。

....

....

....

ステップ 自分が挙げたエピソードを周りの人に発表して、どのようなことを学んでいるかを話し合ってみましょう。

....

....

....

ジャンプ 周りの人の話も参考しながら、自分が選んだエピソードと「乳幼児期の学び」について文章にまとめてみましょう。

....

....

....

● 発展的な学びにつなげる文献

・大豆生田啓友編『「対話」から生まれる乳幼児の学びの物語—子ども主体の保育の実践と環境—』学研 2016年
　0～5歳児がさまざまな人や物との関わりを通して遊びを見つけ、それを非認知能力を含む学びへとつなげる保育の実践が、豊富な写真とともに紹介されています。

・大宮勇雄『学びの物語の保育実践』ひとなる書房 2010年
　ニュージーランドで近年保育界を挙げて採用されている「子どもの評価理解」の方法である「学びの物語（ラーニング・ストーリー）」を軸に、日本での実践や保育の質の問題を取り上げています。

1）ケイル R.『子どもの記憶　おぼえること・わすれること』サイエンス社 pp.101 – 102
2）厚生労働省『保育所保育指針』フレーベル館 2008年 p.11

３）ベネッセ教育総合研究所編「これからの幼児教育 2016 春」ベネッセコーポレーション　2016 年　pp.18 - 21

４）無藤隆編『平成 29 年告示幼稚園教育要まるわかりガイド』チャイルド本社　2017 年　pp.42 - 45

５）汐見稔幸編『平成 29 年告示保育所保育指針まるわかりガイド』チャイルド本社　2017 年　pp.54 - 55

【参考文献】

高橋たまき・中沢和子・森上四朗編『遊びの発達学　展開編』1996 年培風館

塩美佐枝編『幼児の遊びと学び―実践から読み取る知的発達の道筋―』2010 年　チャイルド本社

滝川一廣・小林隆児・杉山登志郎・青木省三編『そだちの科学　no.14　特集：学びの現在＝学びとそだち』2010 年　日本評論社

『発達 125 特集：他者と学ぶ、他者に学ぶ』ミネルヴァ書房　2011 年

謝辞
　エピソード（１）は、名古屋柳城短期大学 片山伸子先生からご提供頂いた事例を基にしています。片山先生と京都市右京区蜂ヶ岡保育園の皆様に感謝申し上げます。

第11章
乳幼児期の学びを支える保育

 **エクササイズ**　　自由にイメージしてみてください

　　あなたはどんな言葉をかけてもらったら前向きになれますか？　今までにか
けてもらってうれしかった言葉にはどのようなものがありましたか？

学びのロードマップ

この章のまとめ！

- 第1節
「養護と教育が一体的に展開する保育」について説明します。保育において養護と教育はそれぞれ分けて行われるものではありません。

- 第2節
学びの芽生えを支える保育について説明します。

- 第3節
保護者への支援について説明します。子どもの学びを支えるためには、保護者への支援も欠かせません。

この章の なるほど キーワード

■**応答的な保育**…保育者が安全基地となって探索活動（＝子どもの学び）がのびのびと行われるために、応答的な保育が重要です。子どもの欲求や声に耳を傾け、思いを受け止めることを大切にしましょう。

子どもの思いはどこかへ着地しなければなりません。

第1節　養護と教育が一体的に展開する保育

　前章までに、子どもの学びに関わる理論および過程と特性について学んできました。人にとって「学ぶ」という営みは、生きていく力そのものであり、生涯にわたって続くものです。その基盤が作られるのが、乳幼児期です。

　本章では、前章までに習得した知識をふまえ、2018（平成30）年度から実施されている保育所保育指針に示されている「養護と教育を一体的に行う保育」について考えたのち、乳幼児期の子どもの学びを支える保育について、大切な視点や方法を学びたいと思います。

1. 幼児教育施設としての保育所

　2018（平成30）年実施の保育所保育指針[1]（以下、指針とします）では、幼稚園、幼保連携型認定こども園とともに、保育所が初めて幼児教育施設に位置づけられました。2006（平成18）年に「教育基本法」が改正され、幼児教育が日本の教育のなかに明確に位置づけられ、乳幼児期の子どもたちがどの施設に通っていても、同じような質の高い教育・保育を保障することが望まれるようになったことが背景にあります。

　指針では3歳以上児の保育内容の共通化が図られ、幼児教育のあり方として「環境を通した教育」「乳児期からの発達と学びの連続性」「小学校教育との接続のあり方」などが示されています。そして、「幼児教育で育みたい資質・能力」として「知識及び技能の基礎」「思考力、判断力、表現力等の基礎」「学びに向かう力、人間性等」の3つの柱が明記され、さらに、幼児教育と小学校以降の学校教育との接続を考慮し、「幼児期の終わりまでに育ってほしい姿」（10の姿）[*1] が定められています。

　つまり、指針では、幼稚園、幼保連携型こども園とともに保育所においても、これまで以上に教育的側面が重視されるようになりました。それをふまえて、子どもの発達や生活を見据えた「全体的な計画」を作成すること、そして評価、改善を図る体制を整えることも義務づけられています。

2. 保育における養護

　保育所保育における教育的側面が重視される一方で、指針では、「第1章総則」に「2 養護に関する基本事項」が示され、保育における最も大切な原理・原則として「養護」が位置づけられています。乳幼児期の保育は、養護があって初めて成り立つとされています。

＊1
幼児期の終わりまでに育ってほしい姿（10の姿）とは、「健康な心と体」「自立心」「協同性」「道徳性・規範意識の芽生え」「社会生活との関わり」「思考力の芽生え」「自然との関わり・生命尊重」「数量や図形、標識や文字などへの関心・感覚」「言葉による伝え合い」「豊かな感性と表現」です。

> **養護の理念[2]**
>
> 　保育における養護とは、子どもの生命の保持及び情緒の安定を図るために保育士等が行う援助や関わりであり、保育所における保育は、養護及び教育を一体的に行うことをその特性とするものである。保育所における保育全体を通して、養護に関するねらい及び内容を踏まえた保育が展開されなければならない。

　このように、保育における養護とは、「生命の保持」と「情緒の安定」を図る援助や関わりであると定義されています。1日の多くの時間を家庭から離れ、保育所で過ごす子どもたちにとって、安全で安心してくつろげる温かな環境で、健康に配慮され、見守られて過ごすことが何より重要です。また、情緒の安定が図られるためには、信頼できる身近な他者の存在が不可欠であり、保護者の不在に代わる存在として保育者が機能することが求められています。

　保育所保育指針解説には、養護における保育者の関わりについて「子どもの欲求、思いや願いを敏感に察知し、その時々の状況や経緯を捉えながら、時にはあるがままを温かく受け止め、共感し、また時には励ますなど、子どもと受容的・応答的に関わることで、子どもは安心感や信頼感を得ていく」と記されています[3]。子どもは、保育者との信頼関係をよりどころに周囲の環境に対する興味や関心を高め、自発的な活動を通して、さまざまな学びを積み重ねていきます。ここでのポイントは、保育者による受容的・応答的な関わりを通じて、子どもの自発的な学びの過程が促されていくということです。そして、「保育所における日々の保育は、養護を基盤としながら、それと一体的に教育が展開されていく」と記されています[4]。

３. 養護と教育が一体的に展開する保育とは

　では、「養護と教育が一体的に展開する保育」とはどういうことでしょうか。これは保育所における保育のあり方を方向づける重要な視点のひとつであり、いくつかの考え方が提示されています。

　ひとつは、子どもの年齢や発達によって、その比重が変化していくという考え方です。乳児の時ほど養護的な保育が中心であり、就学に近づくにつれて教育的な保育が中心になるというものです（図11-1）[5]。

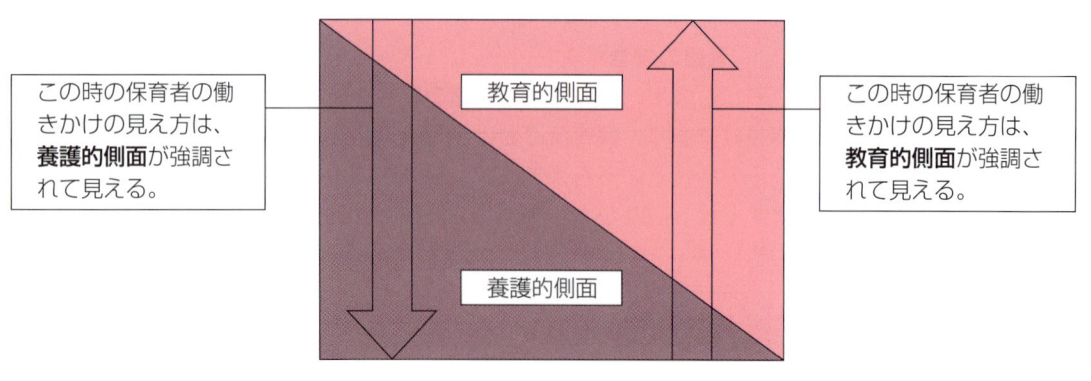

図 11 − 1　保育における養護と教育の見え方の位相（イメージ）

出典：社会福祉法人全国社会福祉協議会・全国保育士会・保育の言語化等検討特別委員会『養護と教育が一体となった保育の言語化』2016年

　もうひとつの考え方として、保育者の意識のあり方からとらえる見方があります。

　養護とは「一人一人の子どもの欲求や思いを察知し、応答していく援助や関わり」であり、教育とは「意図や方向性をもって子どもを育てていくこと」といえます。その2つを合わせると、子どもの欲求や思い、あるいは発達の状況に対して応答的に関わり、援助をしながら、そこに子どもの経験や学びを意識していることが、「養護と教育を一体的に展開する保育」ということになります。

　たとえば保育者は、反復する喃語が出るようになった生後8か月ぐらいの乳児に、「ニャーニャーがいるよ」「ブーブーに乗ろうね」など、子どもが発音しやすい反復語を語りかけのなかで使って発語をうながします。また、他の子どもと同じように鉄棒ができなくて泣き出してしまった4歳児に「悔しいね。でも一生懸命がんばったね」と、その子どもの葛藤を理解し、寄り添います。このように、保育者から子どもに「教える」ということをしなくても、日々の生活における子どもの活動への応答的な関わりのなかに教育的側面が内在しているのであり、それを常に振り返り、一人一人の子どもの育ちや発達を意識すること、そして応答的関わりの質を高めていくことが保育の専門性であると考えられます。保育所保育指針解説にも、「保育士等は、養護と教育が切り離せるものではないことを踏まえた上で、自らの保育をより的確に把握する視点をもつことが必要である。（…略）保育士等がその専門性を発揮し、自らの保育を振り返り評価する上でも、また、新たな計画を立てる上でも、養護と教育の視点を明確にもつことは非常に重要である」と記されています[6]。

第2節　学びの芽生えを育むために

養護と教育は切っても切れない関係にあります。

次に、乳幼児期の子どもの学びを支える保育とはどういうことかについて考えてみましょう。乳幼児期の子どもの学びの過程と特性については、第10章で詳しく学習しました。改めてここで、子どもの学びとはどういうものかを考え、保育者として学びを支える保育のあり方についてみていきたいと思います。

1. 子どもは自ら学び、育つ存在

まず、おさえておきたいのは、子どもは自ら学び、育つ存在であるということです。

最近の科学的研究から、乳児には生まれながらに外界への好奇心が備わっており、自ら環境に働きかけていく力があることがわかってきています。乳児は五感や身体をフルに活用して、外界を自発的に探索します。赤ちゃんに玩具を見せると、どの赤ちゃんも瞳を輝かせて手を伸ばし、つかみ、振ってみたり、口に入れたりして確かめようとします。声が出せるようになると、言葉になる前の声をリズム良く発して楽しみます。やがて、ハイハイから一人歩きが可能になると、どんどん動いて探索し、生活や遊びのさまざまな場面で、周囲の人やものに関心をもち、自ら積極的に関わっていこうとします。

保育所保育指針解説には「乳児から2歳児までは、心身の発達の基盤が形成される上で極めて重要な時期である。また、この時期の子どもが、生活や遊びの様々な場面で主体的に周囲の人やものに興味をもち、直接関わっていこうとする姿は、『学びの芽生え』といえるものであり、生涯の学びの出発点にも結び付くものである」と記されているように[7]、人の「学びに向かう力」は、生後すぐから2歳頃までに発現しているのです。

子どもは運動能力や生活習慣において自分でできることが増えてくると、自分の力そのものに興味をもち、できたことを何度も繰り返しては確認し、さらに新しい活動を展開していきます。柏木（2008）[8]は、「子どもが自発的に熱中する活動は、子どもが育つことそのもの」であるとし、子どもの学びについて、「自分ができるようになった力を発揮できた時、子どもは最高の満足と自己有能感をもち、さらに新しい活動を展開していきます。すなわち子どもは能動的な学習者なのです。」と述べ、大人から計画的に教えられる以上のものであるとしています。

また、シャーロッテ・ビューラー（Charlotte Bühler）[*2]の「機能の喜び」の概念を引用し、子どもがその力によって自ら学び、育つことが人間の発達

＊2
シャーロッテ・ビューラー（1893－1974）はドイツの心理学者、元ウィーン大学教授。幼児の発達検査を作成するなど発達心理学の発展に貢献しました。アメリカに移住後は臨床心理学を研究し、「（第二）反抗期」という言葉を初めて使用しました。

の本質であるとしています。そして、柏木は近年の「良育」志向の高まりで、大人側の都合で子どもの自発的な遊びを中断してしまうことを、「子どもが、自分が学ぶ力をもっていることについて知る体験を子どもから奪うこと」であるとし、「子どもの自己効力感を育てる機会をも奪っている」と警鐘を鳴らしています[8]。

　子どもは生まれた時から外界への好奇心が備わった存在であり、自ら環境に働きかけることで学び、育つ力をもつ存在であることを、保育者は改めて心に留めておく必要があります。近年、幼児期からさまざまな教育や習い事を子どもに体験させる家庭が増えており、保育施設においてもその傾向がみられます。保護者に理由を聞くと「色々な体験をさせたい」「好きなことを見つけてほしい」「子どもがやりたいと言った」と話されることが多いです。地域で子どもが自由に走り回り、のびのびと遊べる場所が減っていることから、子どもに多様な体験をさせたいという保護者の思いは、理解できるものです。大事なことは、大人の側が子どもの活動を方向づけしすぎていないか、子どもの自発的な学びの芽を摘んでしまっていないかという視点をもつことです。保育においては、子どもの自発的な学びを守り育むことが、将来の学ぶ力、そして生きる力につながっていくということを常に念頭に置いておくことが大切です。

2. 応答的な保育の重要性

（1）情緒の安定を育む保育者との愛着

　子どもの学びの芽生えを育むために欠かせないのが環境であり、環境との相互作用です。子どもは自ら学ぶ力を持っているとはいえ、一人で育つわけではなく、環境との関わりのなかで育ちます。特に人的環境である保育者との関わり合いは、子どもの学びにおいて、とても重要な役割を担っています。

　まず、子どもの学びの基盤となる、生命の保持と情緒の安定を育むことが欠かせません。すなわち、第1節で学んだ保育者による養護です。どんなに好奇心が豊かな子どもでも、生命の危険や情緒が安定しない状況に置かれたら、安心して外界を探索し、学びに向かうことはできないでしょう。3歳頃までの養護の関わりによって心身が安定し、それによって学びの芽生えが育つのです。指針では養護の大切さを強調するとともに、「乳児保育」と「1歳以上3歳未満児」の保育内容の充実化が図られています。それは、この時期の保育の質が、学びの基盤となる非認知能力[*3]を育む上で重要であることが再認識されたからです[*4]。

　子どもの情緒の安定を図るには、保育者との愛着が大きく関係します。愛

＊3
世界的に注目されている言葉で、忍耐力、意欲、自制心、社会性などを含む力のことで、OECD では「社会情動的スキル」と表現されています。幼児期の育成が重要とされ、新指針にも反映されています（第10章　p.166参照）。

＊4
1、2歳児を中心に保育所を利用する子どもが大きく増加していること、0～2歳児を対象とする小規模保育、家庭的保育が認可対象となったことも背景にあります。

着については、乳幼児期の学びに関わる理論として、第8章で詳しく学びました。子どもは身近な養育者によって欲求を察知され、応答的に世話され、満たされることにより、養育者との間に愛着の絆を形成していきます。そして、養育者を「安全基地」として、自ら探索行動すなわち学びに向かっていきます。探索のなかで怖い思いをしたり、思い通りにならなかったりした時、養育者に不安や恐怖感、悔しさや寂しさといった情緒をしっかりと受け止めてもらう経験を積み重ねることにより、自らの内側に情緒的安定の基盤を形成していきます。

　乳児期から3歳頃までの保育では、保育者が愛着対象となり、その子どもの興味を知り、夢中に遊ぶ様子を見守り、応答しながら寄り添い関わることを通して子どもの情緒的安定の基盤を育んでいきます。このように、乳幼児期の愛着関係を基にした情緒の安定が子どもの学びの基盤となり、生涯にわたる学ぶ意欲を支えていくと考えられます。

（2）「本当の自己」と「偽りの自己」

　ウィニコット（Winnicott,D.W.）*5 も、乳児期からの情緒発達の重要性に着目した一人です。小児科医として数多くの親子を観察してきたウィニコットは、言葉を獲得する以前の乳児の示す「身振り」が主体性の源泉であるとし、身振りや欲求に対する養育者の応答的な関わりを、実際的かつ象徴的に「抱っこ」（holding）と呼び、養育者による「抱っこ」によって、乳児の「存在の連続性」が育まれるとしました。それに対し、養育者が乳児の欲求に応じるのではなく、乳児の方が養育者のやり方に合わせることを「反応」と呼び、そのような環境のあり方を「侵襲的な環境」と表現しました。「侵襲的な環境」で育つ子どもは、「存在の連続性」が保てず、環境に合わせる自己（「偽りの自己」）を発達させてしまうといいます。そして、本来の主体的な自己（「本当の自己」）が育まれないために、生き生きとした実感が持てないまま成長し、将来の空虚感や離人感につながるとしています（図11-2）。ウィニコットのいう「侵襲的な環境」は、大人側の都合や欲求を優先する一方的な養育だけでなく、子どもの欲求に応じることができないような養育者のやむを得ない状況や病気（産後うつ病など）も含む幅広い概念です。

　いずれにしても、応答的でない環境で育つ子どもは、本来もっている環境に働きかけて学んでいく力を後退させてしまい、受け身的で、自己感覚の乏

*5
D.W. ウィニコット（1896－1971）はイギリスの小児科医、精神科医、精神分析家。小児科医として多くの子どもの心の治療を行いながら、母子関係や子どもの情緒発達、精神治療論等に関する研究を行いました。「移行対象」についての研究が有名です。

ふりかえりメモ：

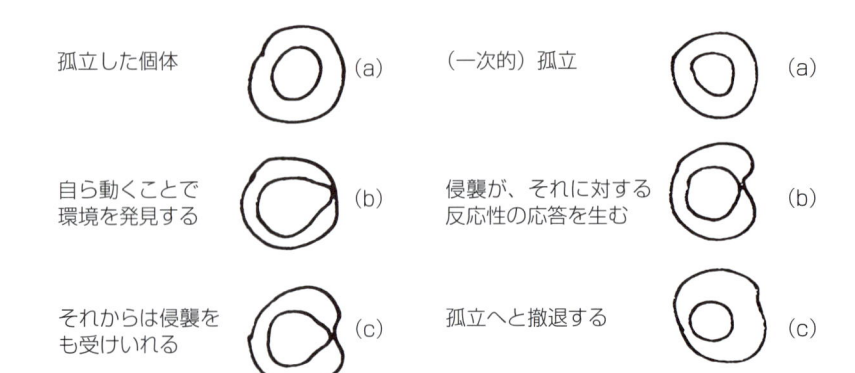

孤立した個体 (a)

（一次的）孤立 (a)

自ら動くことで環境を発見する (b)

侵襲が、それに対する反応性の応答を生む (b)

それからは侵襲をも受けいれる (c)

孤立へと撤退する (c)

図11－2

出典：D.W. ウィニコット著（北山修監訳）『児童分析から精神分析へ』岩崎学術出版社 2005 年　p 97

しさを抱えながら成長していく可能性があるとウィニコットは述べています。たとえば、親を気遣いすぎる良い子は「偽りの自己」を発達させてしまっていないか、よく見極める必要があります。

　このように見てくると、乳幼児期の保育者のあり方としての基本姿勢は、子どもの思いや活動に寄り添い、受け止め、応答する関わりであることがわかると思います。乳幼児期の子どもが主体的に学んでいるかどうかを知るには、それに取り組む子ども本人が生き生きとしているかどうかです。子どもにとって押しつけられた学びは、知識や経験の広がりにはなっても、必ずしも生きる力にはつながらないのです。

３．子どもの学びを支える保育者の関わり

（1）まずは子どもをよく知ることから

　では、子どもの学びにつながる応答的な関わりをするために、保育者はどうすればよいのでしょうか。必要なことは、一人一人の子どもをよく観察し、

エピソード（1）「スプーンを使ってみたいな」

　10 か月のＡちゃんは、手づかみで食べることが大好きです。食べ物を途中で握りつぶしてしまったり、こぼしたりしますが、保育者はやさしく様子を見守ります。

　それから数日後、Ａちゃんがスプーンに興味を持ち、初めてにぎりました。まだ口にうまく運べないので、保育者が別のスプーンを用い、様子を見ながら食べさせています。

発達の状況を把握しながら、何に興味を持ち、どのようなことが好きなのかなど、まず子どものことをよく知ることから始まります。

 エピソード (2) 「恐竜大好き！」

　5歳のBくんは恐竜が大好きで、保育者によく恐竜の話を聞かせてくれます。ある日、保育室に新しく恐竜の図鑑が入ったので、保育士は真っ先にBくんにそのことを伝えました。Bくんは喜び、「教えてくれてありがとう先生！」と言うと、図鑑を手に取り、さっそく数人の子どもたちと図鑑を広げ、仲良く見ていました。

（2）子どもを保育者の期待に合わせようとしない

　保育者はつい、子どもに何かをしてあげたくなったり、遊ばせようとしがちです。子どもが自らの興味で生き生きと遊んでいる時は、そのかたわらで見守り、時には一緒に遊びながら、「子どもは今、どうしたいのか」「何を求めているのか」を知ろうとする姿勢が大切です。

　また、保育者の「こうあってほしい」「○○ができるようになってほしい」という願いが強すぎると、それに子どもを合わせてしまうことになります。反対に子どもが挑戦しようとしていることに対して、「それはまだ無理だよ」「できないからやめておこう」と行動を止めてしまうのは、子どもの好奇心や意欲を削いでしまうことになります。子どもは失敗からも多くのことを学びます。大きな危険が予測できる場合は別として、基本的には子どもの思いを受け止め、見守る姿勢を心がけましょう。

 エピソード (3)　見守ることも大切なこと

　4歳児のCくんとDくんが、園庭にできた水たまりのまわりをぐるぐる歩いていましたが、少し離れたところから助走をつけて、飛び越えようとしていました。保育者は、着地の時に足に水がはねて汚れそうだと思いましたが、黙って様子を見守りました。

（3）子どもの感情を受け止め、体験を言語化する

　子どもは、自分が興味をもったことに一緒に興味をもち、できたことを受け止め、喜んでもらうことを求めています。認めてもらったり、褒められたりすることを心から喜びます。うまくできた喜びだけでなく、できなかった悔しさや寂しさなどの負の感情も、受け止められることによって次への挑戦

につながります。また、自らの行動を「～しようとしたんだね。」「～だったね。」等と他者に言語化してもらうことにより、体験が経験となり、学びにつながります。対人関係の場面でも、何らかのトラブルがあった時、その時にどう感じたのか、何を思ってそうしたのか等、気持ちを丁寧に聞いてもらうことで、情緒が安定するだけでなく自らを振り返るという視点の学びにつながります。そのような関わりが応答的関わりです。保育者は、聴き上手であるとともに、言語化上手になってほしいと思います。子どもの思いを一緒に感じ、それを言葉にして伝え合うといった相互のやりとりが、すなわち子どもの学びにつながるのであり、教育的側面のひとつであるといえます。

　保育者によるこのような関わりは、意識せず行われることが多く、その専門性が見えにくいと指摘されることがあります。第1節でも見てきましたが、保育者は、日常的に行っている子どもへの応答的な関わりのなかに教育的側面が含まれていることを自覚し、折にふれて自らを振り返り、応答的関わりの質を高めていくことが大切です。さらに言うと、子どもだけでなく保護者も含めた親子の関係性をも見据えながら、一人一人の子どもに応じた応答のあり方を探っていくことが保育者の専門性といえるでしょう。

第3節　保護者への支援

1. 子どもの学びを支える環境づくり

　子どもの学びを支えるためには、保護者への支援も欠かせません。

　これまでに見てきたとおり、乳児期から3歳頃までは、子どもの学びの基盤を育むために、保護者と保育者がそれぞれに愛着対象となり、子どもの生命の保持と情緒の安定を図りながら、子どもの興味や関心を大切にした受容的で応答的な関わりが中心になります。そのためには、保育者はもちろんのこと、保護者も精神的、情緒的に安定していることが重要になります。大人側に精神的な余裕がなくなると、受容的で応答的な関わりは難しくなり、親子関係が不安定になりがちです。保育者は保護者の状態をできるだけ把握し、必要に応じて保護者の悩みを聴き、受け止めるなどして、子どもにとって安定した連続性のある環境を調整していくことが必要になります。

　3歳児以降も同様に、保護者の精神的安定は欠かせませんが、子どもの成長につれて保護者の子育て観や教育観は多様化していきます。保護者の願いや考え方が、子どもの気持ちや能力を超えたものになっていないか、注意深

く見守る必要があります。

　また、3歳児以降は、幼稚園や幼保連携型こども園との共通した理念として「幼児教育で育みたい3つの資質・能力」や、「幼児期の終わりまでに育ってほしい姿」をふまえた保育を展開していくことになります。その理念を保育所のなかのものだけにするのではなく、保護者会等の機会に保護者と共有し、共通理解を図ることが大切になってくるでしょう。その際、教育熱心な保護者は、それらの能力や姿について、達成すべき到達目標と捉えてしまう可能性があります。あくまで日々の保育のなかで育む方向性であることを改めて確認し合うことが必要です。

2. 現代の保護者たちと支援

　少子化や核家族化、地域のつながりの希薄化がすすみ、乳幼児期の子どもと触れ合った経験がないまま親になる人が急増しています。身近な人からの協力や助言が得られにくいなか、孤独感や不安感と隣り合わせで子育てをしている保護者は少なくありません。保育者は子育ての良きパートナーとしての役割をますます期待されています。

　少子化時代に育った保護者は、子どもの育つ道筋が実感としてわからず、インターネットやSNS等の情報からの、画一的でマニュアル的な考え方や育て方に陥りがちです。保育者は保護者の不安に共感し、受け止めながら、自らと同様、まずは目の前の子どもをしっかりと見て、子どもの興味や関心を知ること、そして子どもの能動性を信じ、応答的に関わることの必要性について伝えていくことが大切になります。

　子育てに熱心になりすぎる保護者がいる一方で、子育て世代の共働き家庭が増えるなか、毎日が忙しすぎて、子どもとの関わりが十分でないと思われる保護者や、子育てはすべて保育所に任せているかのように、子どもへの関心すら失っているようにみえる保護者もいます。保護者の置かれている状況に配慮し、その気持ちに寄り添いつつ、乳幼児期は子どもを生活の中心に置くことがいかに重要かを理解してもらう必要があります。

　今後は、より一層価値観の多様化がすすみ、家族のあり方もさらに多様化していくと考えられます。少子化のなか、子ども同士が交流したり、群れて遊んだりする機会が激減している今、保育所で子ども同士が学び合い、育ち合うことの重要性も、保護者に理解してもらうことが大切です。保護者同士の交流も大切ですが、消極的な保護者が増えています。子どもに限らず大人も含め、人は人との関わり合いのなかで学び、育つ存在であるということを改めて深く考えたいものです。

Q 「養護と教育が一体的に展開する保育」について考えてみましょう。

ホップ まずは自分なりに、養護と教育が一体的になっている保育の実践例をあげてみましょう。

ステップ グループで実践例を共有し合い、話し合ってみましょう。

ジャンプ 保育者による「受容的、応答的でない関わり」にはどのような具体例があるか、発達段階ごとに挙げてみましょう。子どもへの影響についても考えてみましょう。

● 発展的な学びにつなげる文献
- 柏木惠子『子どもが育つ条件―家族心理学から考える』岩波書店　2008 年
  「子どもは自ら学び、育つ存在である」という認識をもって子育てをすることの大切さについて、現代の保護者や家族の状況をふまえながらわかりやすく書かれています。
- 小西行郎・遠藤利彦編『赤ちゃん学を学ぶ人のために』世界思想社　2012 年
  乳幼児を科学的に観察し、発達のしくみを解明し、育児や保育の現場に活かしていく「赤ちゃん学」の入門書です。乳幼児の学びにまつわるさまざまな研究が紹介されています。

【引用文献】
1）厚生労働省「保育所保育指針」2017 年
2）1）前掲書
3）厚生労働省編『保育所保育指針解説　平成 30 年 3 月』フレーベル館　2018 年 p.30
4）3）前掲書　p.30
5）社会福祉法人全国社会福祉協議会・全国保育士会・保育の言語化等検討特別委員会『養護と教育が一体となった保育の言語化』2016 年

6) 3) 前掲書　p.16

7) 3) 前掲書　p.4

8) 柏木惠子『子どもが育つ条件―家族心理学から考える』岩波書店　2008 年

【参考文献】

柏木惠子『子どもが育つ条件―家族心理学から考える』岩波書店　2008 年

小西行郎・遠藤利彦編『赤ちゃん学を学ぶ人のために』世界思想社　2012 年

無藤隆・汐見稔幸編『イラストで読む！幼稚園教育要領　保育所保育指針　幼保連携型
　こども園教育・保育要領　はやわかり BOOK』　学陽書房　2017 年

D.W. ウィニコット（牛島定信訳）『情緒発達の精神分析理論』岩崎学術出版社　1977 年

D.W. ウィニコット（北山修監訳）『児童分析から精神分析へ』岩崎学術出版社　1990 年

井戸ゆかり編『保育の心理学Ⅱ　演習で学ぶ、子ども理解と具体的援助』萌文書林
　2012 年

神村富美子『心理学で学ぶ！子育て支援者のための子育て相談ガイドブック』遠見書房
　2010 年

保育者のバーンアウト（燃え尽き症候群）を防ぐには

　バーンアウトとは、燃え尽き症候群といわれるものです。これは、それまで燃えさかる炎のように一生懸命働いていたところに、ある日突然動くことができないほど心身ともに憔悴し、仕事に対する意欲が低下してしまい働くことができなくなる現象をいいます。特に対人支援の仕事には、バーンアウトが多いといわれ、看護などの医療従事者、福祉や教育の従事者などでもよくみられます。もちろん保育者も例外ではありません。

　バーンアウトにならないためにはどうすればよいのでしょうか。過去の研究では、子育て経験のない保育者の方が、子どもに関わる不安から、情緒的消耗感や脱人格化などを感じることがわかっています。また保育への理想を高くもった人ほどバーンアウトに陥りやすいともいわれています。そういう意味では、夢や希望をもった新人職員は、疲弊した現場に入ったときにそのリスクにさらされる可能性が高いともいえます。

　バーンアウトに陥らないためには、まず仕事だけが生活のすべてにならないことが大切です。仕事は大事ですが、プライベートも大事にして、しっかり切り分ける生活スタイルを確立することが重要です。自分の好きなことを大切にして、その時間にしっかりと浸りましょう。また、仕事場では、先輩保育者に助けを求めることも大切です。今の自分の力をよく見極め、どうしてもできないことやわからないことがあれば、助言を求めましょう。

　完璧な人は誰もいません。ベテラン保育者であってもミスをします。私たちはお互いに助け合って仕事をしています。今できるベストを尽くすだけで十分なのです。そういった意識をもつことが、燃え尽きることのない心を身につけることにつながるでしょう。

索 引

・編著者紹介

青木紀久代 <small>（あおき きくよ）</small>

東京都立大学大学院博士課程修了。博士（心理学）。臨床心理士。公認心理師。
お茶の水女子大学 基幹研究院准教授を経て、現在は社会福祉法人真生会 理事長。
白百合心理・社会福祉研究所 所長。

・主な著訳書

『調律行動から見た母子の情緒的交流と乳幼児の人格形成』（単著）風間書房　1999 年
『子どもを持たないこころ　―少子化問題と福祉心理学』（共編著）北大路書房　2000 年
『保育に生かす心理臨床』（共編著）ミネルヴァ書房　2002 年
『親のメンタルヘルス　―新たな子育て時代を生き抜く』（編著）ぎょうせい　2009 年
『いっしょに考える家族支援　―現場で役立つ乳幼児心理臨床』（編著）明石書店　2010 年
『実践・保育相談支援』（編著）みらい　2015 年
『親－乳幼児心理療法　―母性のコンステレーション』（共訳）岩崎学術出版社　2000 年
『子ども－親心理療法　―トラウマを受けた早期愛着関係の修復』（監訳）福村出版　2014 年

＜メッセージ＞

心理臨床や研究活動で、保育や子育て支援の現場に入ることが多い毎日です。生き生き活躍する保育者の皆さんと出会うたびに、私も元気をもらっています。

シリーズ 知のゆりかご
保育の心理学

2019 年 4 月 1 日　初版第 1 刷発行
2024 年 3 月 1 日　初版第 7 刷発行

編　　　集	青木紀久代
発 行 者	竹鼻　均之
発 行 所	株式会社みらい

〒500-8137　岐阜市東興町40　第 5 澤田ビル
TEL　058 - 247 - 1227 ㈹
FAX　058 - 247 - 1218
https://www.mirai-inc.jp/

印刷・製本　サンメッセ株式会社

ISBN978-4-86015-484-4 C3337
Printed in Japan　　　　　　　　　　乱丁本・落丁本はお取り替え致します。